Lo que algunas personas dicen acerca de *Una revelación divina de ángeles...*

Una revelación divina de ángeles describe los sueños, revelaciones y visiones de Mary Baxter, revelando a los ángeles ministrando en la actualidad. Es muy interesante y absorbedor. Creo que usted será inspirado por este libro.

—Oral Roberts
Fundador y rector de *Oral Roberts University*
Tulsa, Oklahoma

Una revelación divina de ángeles es un libro notablemente revelador que aviva su corazón y le hace agradecer por los ángeles, los ayudantes de Dios en el mundo espiritual. Usando sus propias historias personales así como las historias de la Biblia, Mary Baxter le deleita e inspira al hacer una conexión entre la Palabra de Dios y muchas de las experiencias que todos tenemos. Lea este libro y recuerde el amor de Dios por usted.

—Paula y Randy White
Pastores de la iglesia *Without Walls International*
Tampa, Florida

A lo largo de los años, Mary Baxter ha capturado la imaginación del cuerpo de Cristo y le ha dirigido hacia el cielo. Su nuevo libro, *Una revelación divina de ángeles*, escrito junto con el Dr. T. L. Lowery nos lleva aun más alto anclando nuestros pies en un sólido terreno doctrinal.

—John A. Kilpatrick
Pastor de *Brownsville Assembly of God*
Pensacola, Florida

Las obras anteriores de Mary Baxter le han ganado miles de entusiastas en todo el mundo. En *Una revelación divina de ángeles*, ella escribe sobre sus propias experiencias con ángeles y presenta casos donde estos seres celestiales obran para nuestro bienestar. Dios se preocupa tanto por nosotros como para enviarnos ayuda extra en esos momentos especiales cuando nuestra propia fortaleza es insuficiente. Usted será bendecido con esta obra.

—Dr. Bill George
Editor de *Church of God Publications*
Tulsa, Oklahoma

La autora, Mary Baxter, nos lleva a un viaje para recordar cuánto realmente Dios se preocupa por nosotros y nos cuida. Este libro acerca de ángeles está lleno de experiencias en los sueños y visiones de Dios, pero lo que ella expone tiene base bíblica. Su espíritu se regocijará a medida que usted lee sobre estas inusuales y milagrosas maneras en que Dios rescata y provee para Sus hijos. Dios nos habla por medio de estas palabras.

—Jentezen Franklin
Pastor de *Free Chapel Worship Center*
Programa televisivo internacional
Kingdom Connection
Gainesville, Georgia

Una REVELACIÓN DIVINA de ÁNGELES

MARY K. BAXTER

con el Dr. T. L. Lowery

WHITAKER HOUSE

UNA REVELACIÓN DIVINA DE ÁNGELES

Publicado originalmente en inglés bajo el título
A Divine Revelation of Angels.

Montaje de texto por: Pérsida Collazo Pagán
Traducción al español por: Sara Castillo Ramos

Nota de la traductora: Para mayor facilidad de traducción, el género masculino, en todas sus formas tanto plural como singular (i.e.: él, ellos, hombre, hombres, hijo, hijos, etc.), se utiliza en este libro en forma inclusiva para referirse a ambos géneros (masculino y femenino).

ISBN-13: 978-0-88368-973-8
ISBN-10: 0-88368-973-1
Impreso en los Estados Unidos de América
© 2004 por Lowery Ministries International
Para compromisos de locución, por favor contacte:
Lowery Ministries Internacional
P. O. Box 2550
Cleveland, TN 37320-2550

Whitaker House
1030 Hunt Valley Circle
New Kensington, PA 15068
www.whitakerhouse.com

Library of Congress Cataloging-in-Publication Data
Baxter, Mary K.
[Divine revelation of angels. Spanish]
Una revelación divina de ángeles / Mary K. Baxter, con T.L. Lowery.
p. cm.
ISBN 0-88368-973-1 (trade pbk. : alk. paper)
1. Angels. 2. Private revelations. I. Lowery, T. L. (Thomas Lanier), 1929– II. Title.
BT966.3.B3918 2004
235'.3—dc22   2004001671

2 3 4 5 6 7 8 9 10 11 12 **ₘ** 12 11 10 09 08 07 06

Este libro es dedicado
al Padre,
al Hijo
y al Espíritu Santo
para darle la gloria, el honor
y la alabanza a Dios.

Contenido

.

Prefacio

Francis Bacon, caballero de la realeza, dijo:

Algunos libros son escritos para ser saboreados, otros para ser engullidos, y muy pocos para ser masticados y digeridos: o sea, algunos libros son escritos para leerse en partes, otros para ser leídos, pero no con curiosidad, y unos pocos para ser leídos completamente, con diligencia y atención.

Este es uno de esos libros para ser masticado y digerido. Puede que algunas veces el tema sea controversial, pero el estudio de los ángeles es de gran importancia en estos tiempos. El tópico de los ángeles no es nuevo, pero es actual y relevante. Hay demasiada confusión acerca de los ángeles, y, por consiguiente mucha mala información circula acerca de estos seres celestiales. Creo que es vital que sepamos lo que la Biblia, la gran Palabra de Dios, dice sobre este tema importante.

Mary Kathryn Baxter es una sierva escogida por Dios. Ella es ungida, y audazmente y sin temor proclama la verdad de la Palabra de Dios. En estos últimos tiempos, el soberano Señor la ha escogido especialmente para recibir maravillosas e impresionantes revelaciones que nos traen a todos un conocimiento fascinante sobre los asuntos espirituales.

Su primer libro, *Una revelación divina del infierno*, en el cual describe sus revelaciones divinas es un relato declarante de lo que ella vio tomar lugar entre las almas perdidas que rehusaron creer y terminaron en el infierno.

Una revelación divina del cielo, su segundo libro, describe las bellezas y las recompensas que Dios le permitió ver para que ella "contara sobre ese lugar maravilloso".

Su tercer libro, *Una revelación divina del reino espiritual*, es un cofre de tesoro con recursos de aliento para aquéllos que irrumpen en la guerra espiritual.

Este último volumen, *Una revelación divina de ángeles* presenta dos cosas. Primero, presenta al creyente un estudio sobre los ángeles; relata lo que la Biblia dice acerca de ellos. Una vez más, con tanta mala información y falsas enseñanzas sobre los ángeles hoy en día, es importante que la verdad de Dios sea conocida. He colaborado con Mary Baxter en la redacción de este libro. Hemos escudriñado las Escrituras diligentemente, y, presentamos un material con la seguridad de que su enseñanza tiene base bíblica. Este libro es sólidamente bíblico.

Segundo, este libro narra fielmente las visiones y revelaciones que Dios le ha dado a Mary Baxter con respecto a los ángeles. Lo que ella escribe y describe sobre estas criaturas espirituales y celestiales habla directo al corazón.

Esta serie de libros ya ha bendecido a cientos de miles de personas en muchos países. La amplia aceptación de estos escritos y las respuestas de las personas cuyas vidas han sido cambiadas al leerlos es muy gratificante.

Mi oración por usted es que Dios le bendiga y le guarde. Que Él haga resplandecer Su rostro sobre usted y que le bendiga en todo lo que usted emprenda. Oro para que Dios le de una unción fresca y renueve su visión a medida que usted lee este libro, para que usted sea muy productivo al edificar Su reino y participar en la cosecha de los últimos tiempos.

—Dr. T. L. Lowery

Introducción

Este libro explora lo que la Biblia dice acerca de los ángeles. Es también un relato verdadero de las muchas experiencias que Dios me ha dado concernientes a Sus mensajeros celestiales. Yo sé que Dios ha prometido:

> *Porque has puesto a Jehová que es mi esperanza, al Altísimo por tu habitación, no te sobrevendrá mal, ni plaga tocará tu morada. Pues a sus ángeles mandará acerca de ti, que te guarden en todos tus caminos. En las manos te llevarán, para que tu pie no tropiece en piedra.*
>
> (Salmos 91:9–12)

Creo que los ángeles estuvieron conmigo mientras escribía este libro. También, muchas personas me han ayudado para que este proyecto fuera posible. Quiero reconocer a algunas de ellas.

Primero, quiero agradecer a mi pastor, mentor y consejero espiritual, al Reverendo Dr. T. L. Lowery, por su valiosa ayuda. Sin él y sin sus consejos, oración y ayuda, este libro no hubiera podido ser escrito. Les honro a él y a su bella esposa, Mildred, por su apoyo, ánimo y ayuda incalculable en este ministerio.

Sinceramente agradezco a mi iglesia, *National Church of God* en Washington, D.C., a mi pastor, el Reverendo Stephen Lowery, por su apoyo y aliento.

Agradecidamente reconozco y doy crédito a todos los de *Whitaker House* en New Kensington, Pennsylvania, quienes han sido instrumentos al hacer que estos mensajes de Dios estuvieran disponibles al público lector.

Principalmente, estoy agradecida a Dios quien me llamó a compartir estos mensajes. Doy toda la alabanza, honor y gloria a Dios el Padre, Dios el Hijo, y Dios el Espíritu Santo.

—Mary K. Baxter

Parte I

La naturaleza de los ángeles

I
¿Son reales los ángeles?

L a idea de los ángeles ha cautivado a las personas por siglos. A lo largo de la historia, la mayoría de las religiones han sostenido ciertas creencias con respecto a los seres espirituales, poderes y principados. En la antigüedad, los paganos incultos creían que los seres espirituales eran los espíritus incorpóreos de los ancestros fallecidos, los espíritus de las cosas en la naturaleza, o seres encantados de otro mundo.

En el arte antiguo, en las cuevas, los arqueólogos han descubierto representaciones de seres alados como suspendidos en el aire sobre las paredes o riscos. Los artistas clásicos del período medieval popularizaron el uso de los símbolos artísticos en sus obras, para que de esa manera cualquiera pudiera reconocer a un ángel en alguna pintura. Usualmente, ellos mostraban a los ángeles con figuras tipo humanas pero con alas, túnicas blancas, aureolas, y, muchas veces con arpas u otros tipos de instrumentos musicales. Las alas de los ángeles significaban que eran seres celestiales. Sus túnicas blancas y aureolas simbolizaban pureza y santidad. Los instrumentos musicales eran incluidos para indicar que los ángeles cantan alabanzas a Dios. Las pinturas renacentistas contribuyeron a muchas de nuestras ideas actuales sobre cómo lucen y cómo se conducen los ángeles.

"Furor por los ángeles"

Los ángeles son un tema de gran popularidad en la sociedad de hoy. En mis viajes ministeriales de los años pasados, he observado en todo tipo de personas un constante interés progresivo por los seres celestiales. Dondequiera que voy, las personas me preguntan sobre los ángeles. Inclusive los cristianos con trasfondos más tradicionales, los cuales usualmente no hacen énfasis en el mundo sobrenatural, muestran una creciente fascinación por esas criaturas celestiales.

Hay muchas muestras de un interés generalizado en los ángeles, no sólo en la iglesia sino en toda la sociedad. Nuestros museos están llenos de pinturas y esculturas de seres alados. Regularmente, las listas de libros de mayor venta muestran títulos sobre ángeles. Las librerías tienen secciones completas de sus aparadores dedicadas a los seres celestiales.

Además, con frecuencia escuchamos y vemos los reportajes que los medios de comunicación presentan sobre los ángeles. Un popular programa de televisión llamado *Touched by an Angel* (Tocado por un ángel) denota la existencia de los ángeles de la guarda. No hace mucho, otro programa cotizado llamado *Highway to Heaven* (Camino hacia el cielo) representa a un ángel enviado a la tierra para ayudar a los mortales.

La letra de muchas canciones populares habla de los ángeles. También aparecen representaciones de seres celestiales en tarjetas de cumpleaños e invitaciones de bodas. Abundan en recuerdos, joyas y en colectores de polvo religiosos y semi-religiosos. Los artistas y escritores continúan ilustrando ángeles en variadas formas.

La revista *Time* publicó una historia principal titulada *Angels among Us* (Hay ángeles entre nosotros). Los redactores del artículo explicaban de esta manera el fenómeno del furor actual por los ángeles:

> Los teólogos dicen que para aquellos que se turban fácilmente con Dios y Sus reglas, los ángeles son una transigencia viable, son tersos, mimosos, amables y no recriminadores. Y ellos están disponi—bles a todo el mundo, al igual que la aspirina.

Al parecer, muchas personas hoy en día usan la idea de los ángeles para apaciguar su conciencia, escapar de la realidad de la vida y entrar en un mundo imaginario que parece más placentero y no demandante.

¿Qué son los ángeles? ¿Realmente existen esas criaturas? ¿Son inventos como los duendes y las hadas? ¿Son acaso seres conjurados por mentes prodigiosas, o figuras imaginarias que han llegado a ser irremediablemente colocadas entre la realidad y la fantasía? Si existen, ¿cómo podemos estar seguros? ¿Pueden ser vistos?

Interés personal en los ángeles

Mi propio interés en los ángeles es más que una novedad o furor pasajeros. Hace muchos años, Dios comenzó a darme sueños, visiones y revelaciones del reino espiritual, incluyendo aquellas que revelaban la labor de los ángeles. No me refiero a las personas especiales que son "ángeles" para nosotros; hablo de los mensajeros espirituales de Dios, Sus agentes especiales que cumplen Sus órdenes y son enviados a rescatar a Su pueblo. Estas visiones y revelaciones usualmente llegaban cuando estaba orando y meditando en la Palabra de Dios.

Ya he escrito sobre muchas de estas experiencias en mis libros *Una revelación divina del infierno, Una revelación divina del cielo* y *Una revelación divina del reino espiritual.*[1] En estos relatos, doy grandes detalles del conocimiento de la revelación que Dios me ha dado y lo que Él me ha enseñado a través de los años con respecto a Sus misterios. En *Una revelación divina de ángeles,* quiero enfatizar las visiones y revelaciones de los ángeles que Dios

---

[1] Publicados por Whitaker House.

me ha dado. Quiero plasmar lo que la labor de los ángeles en nuestra vida significa para nosotros cuando amamos y servimos a Dios.

En 1976, cuando comencé a contar la historia de las revelaciones que Dios me había dado, me sentía como una pionera entrando en territorio desconocido. En ciertas ocasiones cuando salía a impartir charlas fui, escarnecida, perseguida y ridiculizada. Pero continué contando mi historia porque yo sentía que había recibido un mandato de Dios. En la actualidad, Dios envía manifestaciones y revelaciones en abundancia. Dios tiene misterios que quiere revelarnos en esta hora, y, nosotros debemos creerle.

El propósito de las revelaciones de Dios

Soy sierva de Dios y me emociono con el hecho de que Él es misericordioso y bueno para con Sus siervos. Dios me ha dado estas visiones y revelaciones para que yo, en cambio, las entregue al cuerpo de Cristo y a aquéllos que todavía no son creyentes. Estas son señales de que Dios está obrando en medio nuestro. La Biblia dice, *"porque no hará nada Jehová el Señor, sin que revele su secreto a sus siervos los profetas"* (Amós 3:7). Dios nos ha revelado estas cosas para darnos esperanza, para animarnos y para mostrarnos que Él está con nosotros.

Lo que le voy a relatar va de acuerdo con la Palabra de Dios. Sé, por la Biblia y por las revelaciones que Dios me ha dado, que los ángeles, los verdaderos ángeles, no son mitos o legendas. Son más que una estratagema de mercadeo o una premisa para un programa televisivo. Ellos son verdaderos seres espirituales.

Escribo estas cosas para ensalzar a Jesucristo, para exaltarlo a Él. El propósito de estas revelaciones es facilitar que las personas se acerquen a Dios y darle a Él honra y gloria. Usted necesita saber cuánto Jesús le ama y se preocupa por usted. Hay tanto que Él quiere decirle, tanto que Él quiere que usted abra su corazón. Él desea revelársele. Usted puede hablarle, y Él hablará con usted. ¡Él es un Dios maravilloso y amoroso!

Quiero que sepa que amo al Señor Jesús con todo mi corazón. Él es bueno conmigo. Lo que digo en este libro es cierto. Quiero que entienda esto para que usted pueda sentarse con Cristo en los lugares celestiales. Eso es algo que Él quiere para todos nosotros:

> *Pero Dios, que es rico en misericordia, por su gran amor con que nos amó, aun estando nosotros muertos en pecados, nos dio vida juntamente con Cristo (por gracia sois salvos), y juntamente con él nos resucitó, y asimismo nos hizo sentar en los lugares celestiales con Cristo Jesús.*
> (Efesios 2:4–6)

Dios puso en mi corazón que escribiera este libro acerca de los ángeles. Él está inspirando para que se escriban libros que dejen al mundo saber lo bueno que Él es y cómo cuida de Su pueblo. Muchas veces he visto ángeles ministrando, oro para que el Espíritu Santo me guíe mientras le relato algunas de esas revelaciones. A medida que escribo lo que Dios me ha dado para compartir, oro para que le fortalezca y le inspire en los misterios de las revelaciones de Dios.

También oro para que este libro vaya por todo el mundo ayudando a muchas otras personas que necesitan de Dios, que estos testimonios de los ángeles en acción puedan ayudar para que miles de personas conozcan la realidad del amor y el cuidado de Dios por ellos. Por medio de las verdades presentadas aquí, oro para que Dios directamente, o por medio de Sus ángeles, deshaga toda carga pesada, sane toda enfermedad y dolencia en el nombre de Jesús, y para que ayude al oprimido ser libre. Es el deseo de Dios *"desatar las ligaduras de impiedad, soltar las cargas de opresión, y dejar ir libres a los quebrantados, y* [romper] *todo yugo"* (Isaías 58:6).

Me emociona recordar las maravillosas revelaciones que Dios me ha dado y lo que Él me ha mostrado acerca de Sus santos ángeles. Verdaderamente Dios es misericordioso y Sus ángeles ministran para nuestro beneficio. En las *Partes I* y *II* de este libro explicaré lo que la Biblia dice acerca de la naturaleza y la función de los ángeles. En la *Parte III* relataré lo que el Señor me ha revelado, a través de Su Espíritu Santo, acerca de estos mensajeros celestiales.

También compartiré algunas visiones que visto de los ángeles de Dios ministrando. Estas visiones enfatizarán las muchas formas en que los ángeles dan gloria a Dios y cumplen con Su mandato de guiar, proteger, consolar, defender y liberar a Su pueblo. La *Parte IV* provee una oportunidad para la reflexión personal o discusión en grupo de los temas presentados en cada capítulo.

En el siguiente capítulo, aprenderemos lo que es verdad y lo que es mito concerniente a los mensajeros celestiales de Dios.

2

La verdad acerca de los ángeles

l estudio de los ángeles es un escudriñamiento serio y sacro. Usted debe tener cuidado con las enseñanzas que escucha y lee sobre este asunto, especialmente lo que usted encuentra en el Internet. Muchas de las supuestas enseñanzas sobre los ángeles que nos llegan hoy en día, incluso en los círculos religiosos, son falsas y causan que las personas sean engañadas. En la actualidad cuando experimentamos una ola de "furor por los ángeles" es importante saber los que la palabra de Dios dice acerca de los ángeles. Abundan los conceptos uniformes acercas de los ángeles, tal como han existido en el pasado, ¡pero escribo estas páginas para declarar la verdad! Las cosas que escribo en este libro son realidad; nada de esto es fantasía.

Ángeles buenos y ángeles malos

Muchas personas no se dan cuenta que existen dos tipos de ángeles obrando en el mundo actual. Es por esa razón que las personas con frecuencia son confundidas y engañadas con respecto a la naturaleza y la función de los seres celestiales. No todos los ángeles son amables y benévolos. Hay ángeles buenos y ángeles malos.

Los ángeles buenos buscan constantemente cumplir con la voluntad de Dios, ellos obran para nuestro beneficio. Los ángeles malos buscan engañarnos con respecto a sus verdaderas intenciones para con nosotros. Hay demonios que quieren hacernos daño en vez de ayudarnos. Es por esto que puede llegar a ser muy dañino el aprender acerca de los ángeles de aquéllos que no tienen un entendimiento bíblico sólido de su verdadera naturaleza y obras. Creo que una de las razones por las que Dios quería que yo escribiera este libro es para que las personas puedan saber cómo diferenciar entre los ángeles que quieren ayudarles y los que desean hacerles daño. En este libro, simplemente describo las cosas que Dios me ha revelado con respecto a Sus ángeles buenos. Debemos entender la verdad acerca de los santos ángeles de Dios si queremos discernir lo que es falso.

Los ángeles en la Biblia

En las Escrituras, se ha escrito mucho acerca de los ángeles, la Biblia enseña que son seres reales.

La Biblia es nuestra mejor fuente para entender la verdadera naturaleza de los ángeles porque es la misma Palabra de Dios. *"Toda palabra de Dios es digna de crédito"* (Proverbios 30:5, NVI).

Las palabras *ángel* y *ángeles* aparece cerca de trescientas veces (combinadas), y, se hace referencia a la obra de los ángeles casi doscientas cincuenta veces en las Escrituras. Los ángeles son mencionados en treinta y cuatro libros de la Biblia (un poco más de la mitad de los libros). La palabra hebrea más comúnmente usada en el Antiguo Testamento para referirse a los ángeles es *malák*, la palabra griega más frecuentemente usada en el Nuevo Testamento es *ággelos* (Véase *Concordancia Strong* #G32, #H4397).

Las Escrituras hacen referencia al origen de los ángeles y los varios tipos de ángeles, también revela los hechos importantes de su carácter, hábitos y acciones, mucho de lo cual es contrario a la actual creencia popular acerca de los ángeles. Hablaré más acerca de la naturaleza y las obras de los ángeles en el próximo capítulo. Sin embargo, debemos primero reconocer las siguientes verdades acerca de los ángeles para poder comprender quiénes son y cómo obran en nuestras vidas.

Los ángeles fueron creados

Primero, ¿cuál es el origen de los ángeles? ¿Han existido siempre?

La Biblia nos dice que los ángeles son una compañía de seres espirituales que fueron creados por Dios mismo. Por ejemplo, en el Antiguo Testamento leemos:

Alabadle, vosotros todos sus ángeles; alabadle, vosotros todos sus ejércitos... Alaben el nombre de Jehová; porque él mandó, y fueron creados.

(Salmos 148:2, 5)

En el Nuevo Testamento encontramos:

Todas las cosas por él fueron hechas, y sin él nada de lo que ha sido hecho, fue hecho.

(Juan 1:3)

Porque en [Jesús] fueron creadas todas las cosas, las que hay en los cielos y las que hay en la tierra, visibles e invisibles; sean tronos, sean dominios, sean principados, sean potestades; todo fue creado por medio de él y para él. (Colosenses 1:16)

No hay nada en ningún lugar que Dios no haya creado, incluyendo los ángeles. La Biblia no nos dice exactamente cuándo fueron creados los ángeles, pero nos indica que ya existían y estuvieron presentes cuando Dios creó la tierra. Dios le preguntó a Job:

¿Dónde estabas cuando puse las bases de la tierra? ¡Dímelo, si de veras sabes tanto! ¡Seguramente sabes quién estableció sus dimensiones y quién tendió sobre ella la cinta de medir! ¿Sobre qué están puestos

*sus cimientos, o quién puso su piedra angular mientras cantaban a coro las estrellas matutinas **y todos los ángeles gritaban de alegría**?*
(Job 38:4–7, NVI, énfasis adherido)

Los ángeles no son dioses

Segundo, muchas personas hoy en día piensan que los ángeles son divinos y buscan en ellos dirección para sus vidas. He visto que muchos libros anuncian la forma de enseñarle cómo usted puede hacer contacto con "su" ángel. Algunos de los que se presentan así mismos como expertos sobre el tema de los ángeles les dicen a sus seguidores que deben amar a sus ángeles y pedirles salud, sanidad, prosperidad y guía.

Esta enseñanza es contraria a la Palabra de Dios. Los ángeles no son nuestros dioses ni nuestros guías espirituales directos. Ellos no están disponibles para que los usemos a nuestra conveniencia, como las aspirinas. No son genios a los cuales podemos llamar para que cumplan nuestros deseos. No podemos llamar a un ángel cada vez que queramos sólo con repetir ciertas frases o recitar una fórmula o conjuro mágico. Los ángeles son siervos de Dios, no nuestros. Ellos van y vienen a Su mandato. Ellos responden a Su voz, no a nuestros mandatos o peticiones:

Bendecid a Jehová, vosotros sus ángeles, poderosos en fortaleza, que ejecutáis supalabra, obedeciendo a la voz de su precepto. Bendecid a Jehová, vosotros todos sus ejércitos, ministros suyos, que hacéis su voluntad. (Salmos 103:20–21)

Nunca debemos orar a los ángeles o pedirles guía y liberación. Debemos siempre orar sólo al Señor mismo. El orar a un ángel puede llevarle a una decepción espiritual, especialmente si usted es un nuevo convertido o no anda muy cerca de Dios. Usted no podrá discernir espiritualmente la verdadera naturaleza de un encuentro con un ángel. Cuando usted habla con un ser que se le aparece o dice ser un ángel, puede que usted esté hablando con un espíritu engañador disfrazado como un ángel de luz (Véase 2da Corintios 11:14).

Sin embargo, cuando usted habla con Jesús, no hay forma de que usted se equivoque. Cuando usted le pide a Dios que le guíe o le libre, Él enviará a un ángel para que le ayude. Pero, no se confunda, es Dios quien le está libertando, aunque lo haga *por medio* de Sus ángeles.

Debemos confiar en Dios y no en los ángeles. La Biblia no nos enseña que debemos amar a los ángeles; nos enseña a amar a Dios (Mateo 22:37). ¡Toda atención, énfasis y gloria debe ser dirigida a Dios, no a Sus siervos! Dios mismo dice, *"a otro no daré mi gloria"* (Isaías 42:8).

Aunque los ángeles sean tan grandes, con todo, no debemos venerarlos. Los falsos maestros le llevarán a adorar ángeles, hecho que le alejará de la verdad de Dios y le hará caer en el engaño. La Biblia nos advierte sobre esto:

> *Nadie os prive de vuestro premio, afectando humildad y culto a los ángeles, entremetiéndose en lo que no ha visto, vanamente hinchado por su propia mente carnal, y no asiéndose de la Cabeza [Cristo].* (Colosenses 2:18–19)

Debemos respetar a los ángeles, admirar su dedicación a Dios, y, apreciar su ministerio para con Dios y nosotros, pero se nos prohíbe adorarles.

Algo que he notado acerca de los verdaderos encuentros con ángeles es que los santos ángeles de Dios nunca dirigen la atención para sí mismos. Usualmente ellos hacen su obra silenciosamente, a menudo detrás de los bastidores y sin ser notados, y, se alejan cuando la obra ha sido terminada. Sus vidas y acciones son siempre consistentes con el carácter de Cristo. Siempre glorifican a Dios y no a sí mismos. Por consiguiente, un verdadero ángel de Dios no aceptará la adoración de un ser humano. Más bien, siempre le dirá que usted debe adorar a Dios. En Apocalipsis 19, el apóstol Juan escribió que cuando él tuvo un encuentro con un ángel, él estaba tan asombrado que se postró "*a sus pies para adorarle*" (v. 10). Sin embargo, el ángel le dijo a Juan:

> *Mira, no lo hagas; yo soy consiervo tuyo, y de tus hermanos que retienen el testimonio de Jesús. Adora a Dios; porque*

el testimonio de Jesús es el espíritu de la profecía. (v. 10)

Nuevamente en Apocalipsis 22, Juan escribió:

Yo, Juan soy el que oyó y vio estas cosas. Y después que las hube oído y visto, me postré para adorar a los pies del ángel que me mostraba estas cosas. Pero él me dijo: Mira, no lo hagas; porque yo soy consiervo tuyo, de tus hermanos los profetas, y de los que guardan las palabras de este libro. Adora a Dios. (vv. 8–9)

Los ángeles son consiervos y co-adoradores de Dios con los seres humanos. En su visión del cielo, Juan vio a todos los ángeles dando gloria, honor y adoración a Aquel que está sentado en el trono (Véase Apocalipsis 5:13; 7:11–12). El describió a los seres celestiales adorando a Dios y exaltándole con las palabras: *"Santo, santo, santo es el Señor Dios Todopoderoso"* (Apocalipsis 4:8). El vio a los veinticuatro ancianos postrarse en adoración y entregar sus coronas ante el Trono (Véase versículos 9–10). Luego, él les escuchó decir: *"Señor, digno eres de recibir la gloria y la honra y el poder; porque tú creaste todas las cosas, y por tu voluntad existen y fueron creadas"* (v. 11). Cuando el profeta Isaías, en el capítulo 6 de su libro, describió la visión que tuvo del cielo, dijo que los serafines decían en continua letanía de adoración: *"Santo, santo, santo, Jehová de los ejércitos; toda la tierra está llena de su gloria"* (Isaías 6:3).

La actividad favorita de los ángeles, que he visto en todas mis visiones acerca del cielo, parece ser el adorar a Dios. Los ángeles adoran a Dios constantemente. Ellos cantan alabanzas a Dios sin cesar. Ellos hacen reverencia y le adoran. Ellos le obedecen cumpliendo los mandatos que Él les da y haciendo Su voluntad.

Nuevamente, no debemos adorar a ninguna otra persona o criatura, no importa cuánto trate de persuadirnos para hacerlo. ¡Dios es el único digno de ser adorado y alabado! Sin embargo, debemos saber que Él nos provee ayuda divina en forma de ángeles. Dios es con nosotros. Él nunca dejará solos a Sus hijos. El enviar a Sus ángeles a ayudarnos es una de las formas que Él nos muestra que siempre está presente con nosotros.

Jesucristo es mayor que los ángeles

Tercero, algunas personas creen que Jesucristo está al mismo nivel que los ángeles, o que Él es menor que ellos. Puede que ellos lleguen a esa conclusión después de haber leído el pasaje:

> *Pero vemos a aquel que fue hecho un poco menor que los ángeles, a Jesús, coronado de gloria y de honra, a causa del padecimiento de la muerte, para que por la gracia de Dios gustase la muerte por todos.* (Hebreos 2:9)

En este pasaje el escritor de Hebreos cita Salmos 8:4–5, el cual habla de Dios creando a la humanidad con gran valor y dignidad:

Digo: ¿Qué es el hombre, para que tengas de él memoria, y el hijo del hombre, para que lo visites? Le has hecho poco menor que los ángeles, y lo coronaste de gloria y de honra.

Jesús vino a la tierra como hombre, pero Él fue completamente humano y completamente Dios. Él voluntariamente hizo a un lado el esplendor, pero no la realidad, de Su deidad. Las Escrituras dicen que Él:

el cual, siendo en forma de Dios, no estimó el ser igual a Dios como cosa a que aferrarse, sino que se despojó a sí mismo, tomando forma de siervo, hecho semejante a los hombres; y estando en la condición de hombre, se humilló a sí mismo, haciéndose obediente hasta la muerte, y muerte de cruz. (Filipenses 2:6–8)

Cristo fue *"hecho poco menor que los ángeles"* (fue hecho hombre de carne y hueso) por nosotros, para que Él pudiera lograr nuestra salvación. Su gloria le fue restaurada luego. El pasaje en Filipenses continúa:

Por lo cual Dios también le exaltó hasta lo sumo, y le dio un nombre que es sobre todo nombre, para que en el nombre de Jesús se

doble toda rodilla de los que están en los
cielos, y en la tierra, y debajo de la tierra;
y toda lengua confiese que Jesucristo es el
Señor, para gloria de Dios Padre.

(Filipenses 2:9–11)

También leemos en Efesios:

[Dios] *operó en Cristo, resucitándole de los*
muertos y sentándole a su diestra en los
lugares celestiales, sobre todo principado
y autoridad y poder y señorío, y sobre
todo nombre que se nombra, no sólo en
este siglo, sino también en el venidero; y
sometió todas las cosas bajo sus pies, y lo
dio por cabeza sobre todas las cosas a la
iglesia, la cual es su cuerpo, la plenitud de
Aquel que todo lo llena en todo.

(Efesios 1:20–23)

Primera de Pedro 3:21–22 dice, "...*Jesucristo,*
quien habiendo subido al cielo está a la diestra de
Dios; y a él están sujetos ángeles, autoridades y
potestades". ¡Cristo siempre ha sido y será superior
y más grande que los ángeles! La Palabra de Dios
dice en Hebreos que Jesús es "*hecho tanto superior*
a los ángeles, cuanto heredó más excelente nombre
que ellos" (Hebreos 1:4). El pasaje continúa:

Porque ¿a cuál de los ángeles dijo
Dios jamás: Mi Hijo eres tú, Yo te he
engendrado hoy, y otra vez: Yo seré a él
Padre, y él me será a mí hijo? Y otra vez,
cuando introduce al Primogénito en el

mundo, dice: Adórenle todos los ángeles de Dios. Ciertamente de los ángeles dice: El que hace a sus ángeles espíritus, y a sus ministros llama de fuego. Mas del Hijo dice: Tu trono, oh Dios, por el siglo del siglo; Cetro de equidad es el cetro de tu reino... Pues, ¿a cuál de los ángeles dijo Dios jamás: Siéntate a mi diestra, hasta que ponga a tus enemigos por estrado de tus pies? (vv. 5–8, 13)

No permita que nadie le diga que Jesús es un ángel, que él está en el mismo nivel que los ángeles, o que Él es menor que los ángeles. Jesucristo es Señor por sobre los ángeles y todos los ángeles le adoran a Él como su Dios.

Los ángeles son diferentes a los humanos

Cuarto, existe una idea popular de que los seres humanos se vuelven ángeles cuando mueren. Pero, la realidad es que los ángeles son completamente diferentes a las personas. Un humano es siempre un humano, ya sea que esté o no en la tierra o en el cielo, y, un ángel es siempre un ángel. Las personas que pertenecen a Cristo, inmediatamente pasan a estar con Él cuando mueren. Ellos recibirán un cuerpo glorioso y resucitado cuando Jesús vuelva por Su iglesia, pero eso no significa que las personas se vuelven ángeles.

El apóstol Pedro dijo que los ángeles *"son mayores en fuerza y en potencia"* que los humanos (2da Pedro 2:11). Los ángeles fueron creados

36

antes que la humanidad, a lo largo de la Palabra de Dios, a ellos se les describe como que existen en un nivel entre Dios y el hombre.

Billy Graham, en su libro *Angels* (Ángeles), dijo lo siguiente acerca de los agentes especiales de Dios:

> *Los ángeles pertenecen a una dimensión particularmente diferente de la creación, la cual nosotros, limitados al orden natural, podemos escasamente comprender...[Dios] ha dado a los ángeles un mayor conocimiento, poder y movilidad de la que nos ha dado a nosotros...Ellos son los mensajeros de Dios cuyo negocio principal es cumplir con Sus órdenes en el mundo. Él les ha dado un cargo diplomático. Él los ha designado y capacitado como delegados santos.*

Los ángeles son una forma de creación mayor que los humanos en este sentido: Ahora mismo, ellos tienen mayor conocimiento, poder y movilidad espirituales que nosotros. Además, los santos ángeles de Dios nunca pecan contra Él. Mientras estemos en esta tierra y no completamente libres de *"este cuerpo de muerte"* (Romanos 7:24), que es como el apóstol Pablo describe nuestra tendencia a pecar; entonces, nosotros no somos tan moralmente buenos como los santos ángeles de Dios. A veces nosotros todavía pecamos y salimos en contra de la voluntad de Dios. Los ángeles siempre obran directamente con Dios y para Dios, ellos no pecan; por consiguiente, ellos son "superiores" a nosotros.

Cuando reconocemos que los ángeles son superiores a nosotros, no estamos menospreciando a la humanidad. El rey David reconoció la dignidad y gloria de la humanidad:

Le has hecho poco menor que los ángeles, y lo coronaste de gloria y de honra. Le hiciste señorear sobre las obras de tus manos; todo lo pusiste debajo de sus pies.
(Salmos 8:5–7)

Este pasaje fue tan bello e importante para los primeros cristianos que el escritor neotestamentario lo escribió en su carta a los Hebreos (Hebreos 2:7–8), tal como lo expresé en la sección anterior.

Nótese que la humanidad es coronada *"de gloria y honra"*. Somos coronados de gloria y honra porque, primero que todo, fuimos creados a la imagen de Dios. *"Y creó Dios al hombre a su imagen, a imagen de Dios lo creó; varón y hembra los creó"* (Génesis 1:27). La Biblia no dice que los ángeles fueron creados a la imagen de Dios, dice que solamente nosotros fuimos creados a la imagen de Dios. Eso nos hace preciados para Él. Además, a la humanidad se le otorgó el dominio sobre toda la creación de Dios en la tierra. Dios honró a la humanidad confiándole la mayordomía y el desarrollo del mundo entero.

Asimismo, ¡somos tan importantes para Dios que Él envió a Su Hijo a la tierra a morir por nosotros! Él no lo hizo por los ángeles que cayeron y se rebelaron con Él (hablaré más sobre esto en breve). Hebreos 2:16 dice: *"Porque ciertamente no socorrió a los ángeles, sino que socorrió a la descendencia de Abraham"*. Cuando el hombre cayó, Dios proveyó una salida para que fuéramos perdonados y restauráramos nuestra relación con Él. Hemos sido redimidos por la sangre de Cristo. Esto nos otorga una posición alta y exaltada para con Dios:

> *¿Qué, pues, diremos a esto? Si Dios es por nosotros, ¿quién contra nosotros? El que no escatimó ni a su propio Hijo, sino que lo entregó por todos nosotros, ¿cómo no nos dará también con él todas las cosas?*
> (Romanos 8:31–32)

¡Debido a que Cristo nos redimió, encontramos rectitud en Jesús mismo! *"...Cristo Jesús, el cual nos ha sido hecho por Dios sabiduría, justificación, santificación y redención"* (1ra Corintios 1:30). Pablo escribió sobre el momento cuando Jesús haya venido y los cristianos existiremos en un estado glorioso:

> *Pues tengo por cierto que las aflicciones del tiempo presente no son comparables con la gloria venidera que en nosotros ha de manifestarse...Y a los que predestinó, a éstos también llamó; y a los que llamó, a*

éstos también justificó; y a los que justificó,
a éstos también glorificó.

(Romanos 8:18, 30)

Entonces seremos superiores a los ángeles e incluso los juzgaremos. La Biblia dice: *"¿O no sabéis que hemos de juzgar a los ángeles?"* (1ra Corintios 6:3).

Algunos ángeles se rebelaron contra Él

Quinto, como lo expresé anteriormente, muchas personas piensan que todos los ángeles son benévolos. Sin embargo, debemos tener presente que algunos de los ángeles de Dios se rebelaron contra Él, esa es la razón por la cual un día ellos serán juzgados. Al final de los tiempos, ellos recibirán castigo eterno.

Si todos los ángeles fueron creados santos, como Dios es santo ¿qué ocurrió? La Biblia indica que, en cierto momento, Satanás, a quien también se le llama Lucifer o el diablo, se rebeló contra Dios y fue expulsado del cielo. Aparentemente, Ezequiel 28 alude a Satanás antes de caer, cuando dice de alguien que fue *"elegido querubín protector"* (NVI), y que había estado *"en el santo monte de Dios"* (v. 14). Satanás parece haber pertenecido a uno de los grupos especiales de ángeles conocidos como querubines, pero su corazón evidentemente se llenó de orgullo:

Tú eras el sello de la perfección, lleno de sabiduría, y acabado de hermosura. En

Edén, en el huerto de Dios estuviste; de toda piedra preciosa era tu vestidura; de cornerina, topacio, jaspe, crisólito, berilo y ónice; de zafiro, carbunclo, esmeralda y oro; los primores de tus tamboriles y flautas estuvieron preparados para ti en el día de tu creación. Tú, querubín grande, protector, yo te puse en el santo monte de Dios, allí estuviste; en medio de las piedras de fuego te paseabas. Perfecto eras en todos tus caminos desde el día que fuiste creado, hasta que se halló en ti maldad. A causa de la multitud de tus contrataciones fuiste lleno de iniquidad, y pecaste; por lo que yo te eché del monte de Dios, y te arrojé de entre las piedras del fuego, oh querubín protector. Se enalteció tu corazón a causa de tu hermosura, corrompiste tu sabiduría a causa de tu esplendor; yo te arrojaré por tierra;...yo, pues, saqué fuego de en medio de ti, el cual te consumió, y te puse en ceniza sobre la tierra a los ojos de todos los que te miran. (Ezequiel 28:12–18)

Nótese en este siguiente pasaje de Isaías que el orgullo es mencionado nuevamente como el causante de la caída de Satanás:

¡Cómo caíste del cielo, oh Lucero, hijo de la mañana! Cortado fuiste por tierra, tú que debilitabas a las naciones. Tú que decías en tu corazón: Subiré al cielo; en lo alto, junto a las estrellas de Dios, levantaré

*mi trono, y en el monte del testimonio
me sentaré, a los lados del norte; sobre
las alturas de las nubes subiré, y seré
semejante al Altísimo. Mas tú derribado
eres hasta el Seol, a los lados del abismo.*
(Isaías 14:12–15)

Otros ángeles siguieron a Satanás en su
rebelión, y todos cayeron de su posición sin pecado
en los cielos. Basados en el siguiente pasaje de
Apocalipsis, muchas personas creen que un tercio
de los ángeles del cielo se rebelaron:

*También apareció otra señal en el cielo: he
aquí un gran dragón escarlata, que tenía
siete cabezas y diez cuernos, y en sus cabezas
siete diademas; y su cola arrastraba la
tercera parte de las estrellas del cielo, y
las arrojó sobre la tierra...Después hubo
una gran batalla en el cielo: [el arcángel]
Miguel y sus ángeles luchaban contra el
dragón; y luchaban el dragón y sus ángeles;
pero no prevalecieron, ni se halló ya lugar
para ellos en el cielo. Y fue lanzado fuera
el gran dragón, la serpiente antigua, que
se llama diablo y Satanás, el cual engaña
al mundo entero; fue arrojado a la tierra,
y sus ángeles fueron arrojados con él.*
(Apocalipsis 12:3–4, 7–9)

La Biblia nos dice que los ángeles caídos
fueron echados al infierno para esperar el juicio
que recibirán al final de los tiempos:

Porque si Dios no perdonó a los ángeles que pecaron, sino que arrojándolos al infierno los entregó a prisiones de oscuridad, para ser reservados al juicio. (2da Pedro 2:4)

Y a los ángeles que no guardaron su dignidad, sino que abandonaron su propia morada, los ha guardado bajo oscuridad, en prisiones eternas, para el juicio del gran día. (Judas 6)

La Biblia también revela le solemne realidad de que, aunque los ángeles que pecaron fueron echados al infierno, algunos todavía continúan operando en contra de Dios y Su pueblo:

Porque no tenemos lucha contra sangre y carne, sino contra principados, contra potestades, contra los gobernadores de las tinieblas de este siglo, contra huestes espirituales de maldad en las regiones celestes. (Efesios 6:12)

Satanás es el líder de los ángeles caídos, y Jesús dijo que el diablo *"no viene sino para hurtar y matar y destruir"* (Juan 10:10). Satanás odia a Dios, también odia intensamente al pueblo de Dios.

Toda iniquidad en la tierra nace del pecado de Lucifer. En su deseo por continuar hiriendo a Dios y usurpar Su autoridad, Satanás tentó a la amada creación de Dios, al hombre, para que la humanidad también se rebelara contra Dios y fuera un pueblo caído y corrupto (Véase Génesis 3). La humanidad cayó y Lucifer pensó que había obtenido la victoria. Sin embargo, el diablo no contaba con que Dios enviaría a Jesús para redimir a la humanidad. Ahora él obra para mantener las almas perdidas en la oscuridad cegándoles de la verdad del Evangelio, que es el mensaje de salvación y libertad de pecado por medio de la fe en Cristo. Cuando Satanás se rebeló, él se exaltó a sí mismo porque quería ser adorado como Dios es adorado. Hoy en día, él continúa tratando de exaltarse a sí mismo.

De hecho, creo que él y sus ángeles caídos están detrás de mucho del furor por los ángeles que hay en nuestra cultura. La Biblia dice que él *se disfraza como ángel de luz*" (2da Corintios 11:14) para poder engañar a las personas. El propósito de Satanás es hacernos que le adoremos a él y a sus espíritus perversos en vez de adorar a Dios. El sabe que las personas fueron creadas como vasos de adoración. Nosotros adoramos al verdadero Dios vivo, o adoramos al diablo y a sus fuerzas demoníacas. Aquéllos que no conocen a Dios sirven a Satanás, consciente o inconscientemente.

Satanás quiere atraer a todas las personas a su luz falsa. Su adversario espera engañarle a usted, si es que usted se lo permite. El quiere confundirlo con respecto a la verdad. Una vez que usted ha sido engañado, su mente y su corazón son puertas abiertas para que él entre a atacarle. Es por eso muy importante en esta era, cuando tanta gente se interesa en las cosas espirituales, que aprendamos a reconocer cuando el diablo está obrando y discernir la diferencia entre los ángeles buenos y los ángeles malos.

Cómo discernir los espíritus

¿Cómo sabremos si lo que se nos presenta como ángel es verdaderamente de Dios? La Biblia nos dice que pongamos a prueba los espíritus para saber si son auténticos:

> *Amados, no creáis a todo espíritu, sino probad los espíritus si son de Dios; porque muchos falsos profetas han salido por el mundo. En esto conoced el Espíritu de Dios: Todo espíritu que confiesa [*"reconoce", NVI] *que Jesucristo ha venido en carne, es de Dios; y todo espíritu que no confiesa [*"reconoce", NVI] *que Jesucristo ha venido en carne, no es de Dios; y este es el espíritu del anticristo, el cual vosotros habéis oído que viene, y que ahora ya está en el mundo.* (1ra Juan 4:1–3)

Si continuamente leemos y meditamos en la Palabra de Dios, podremos distinguir entre los ángeles engañadores del diablo y los santos ángeles de Dios. Usted puede diferenciar si un ángel es o no de Dios por lo que el mismo dice sobre el Señor Jesús y la salvación que Él proveyó para la humanidad cuando vino a la tierra como hombre a verter Su sangre preciosa en la cruz. Si un ser espiritual comunica un mensaje que niega la deidad, humanidad y salvación del Señor Jesús, podemos desenmascararlo como enemigo. Podemos exponerlo por medio del poder del Espíritu Santo. Si su mensaje promueve un mensaje o práctica anti-bíblicas, si dirige la atención para sí mismo y no para Jesús, entonces ese ser espiritual es un demonio que intenta engañar a las personas.

Por consiguiente, si cualquier ser, o cualquier persona, dice ser un ángel y dice algo contrario a la Palabra de Dios, o está en contra de la Palabra de Dios, usted bien puede discernir que un espíritu malo del infierno está detrás de todo eso. Recuerde que Satanás tergiversó las Escrituras usándolas fuera de contexto cuando trató de tentar a Jesús en el desierto (Véase Lucas 4:1–13); en la actualidad, él todavía trata de manipular las Escrituras para engañar a las personas. Ponga prioridad en escudriñar y aprender toda la Palabra de Dios para que usted pueda discernir cuando las Escrituras estén siendo tergiversadas.

Al mismo tiempo que los ángeles caídos obran con ahínco para hacer el mal bajo la dirección del diablo, los ángeles rectos diligentemente sirven a Dios y hacen el bien bajo Su dirección. Los santos ángeles de Dios continuamente le glorifican. Ellos reconocen a Jesucristo y Su llegada al mundo para redimirnos de las ataduras del enemigo. Ellos se enfocan en Jesús y Su liberación. Por medio de sus actividades y acciones, ellos continuamente enfatizan la obra y voluntad de Dios.

Nuestra máxima protección contra el engaño y la maldad

Su máxima protección contra el engaño y la maldad del enemigo está en el Señor Jesucristo mismo. El destino final de Satanás y sus ángeles es pasar la eternidad en el lago de fuego ardiente. Jesús dijo que existe un *"fuego eterno preparado para el diablo y sus ángeles"* (Mateo 25:41). Será deleite para Satanás llevarle a usted y todos sus amigos con él al infierno. ¡Le suplico que no permita que eso ocurra! Crea en el Señor Jesucristo y acéptele como su Salvador ahora. Luego, a medida que usted estudie acerca de los ángeles, ore a Dios el Padre, en el nombre de Jesús, y pida Su dirección y protección para que usted no sea engañado por el enemigo.

Recuerde que Jesús *siempre será* más poderoso que el diablo y sus demonios porque ellos son sólo seres creados, mientras que Jesús es Dios. Además, cuando aceptamos el sacrificio que Cristo hizo por nosotros, somos salvos en Él. Romanos 8:38–39 dice:

> *Por lo cual estoy seguro de que ni la muerte, ni la vida, ni ángeles, ni principados, ni potestades, ni lo presente, ni lo por venir, ni lo alto, ni lo profundo, ni ninguna otra cosa creada nos podrá separar del amor de Dios, que es en Cristo Jesús Señor nuestro.*

Cuando Jesús estaba por ser apresado y crucificado, Él dijo que fácilmente podría llamar

47

a cientos de miles de ángeles que vinieran a Su rescate: *"¿Acaso piensas que no puedo ahora orar a mi Padre, y que él no me daría más de doce legiones de ángeles?"* (Mateo 26:53). En la época romana, una legión podría ser conformada por tres mil a doce mil soldados, incluyendo la caballería y el personal de apoyo. Jesús pudo haber destruido a Sus enemigos en ese preciso momento, pero Él permitió ser crucificado por nosotros. Por medio de Su muerte y resurrección, Él restauró nuestra relación con Dios. Él pagó un gran precio para proveernos el perdón de pecados y una nueva vida en Él.

En cierta ocasión, mientras oraba fervientemente, tuve una visión del día en que Cristo fue crucificado. Eso destrozó mi corazón. Yo miré soldados romanos clavando, con clavos enormes, Sus manos a la cruz. Miré Su sangre derramándose y fluyendo. Recuerdo haber visto Su sangre que brotaba no sólo de Sus manos sino de todo Su cuerpo. Él había sido azotado tan fuertemente que yo quería consolar a mi Señor y hacer algo para ayudarle.

Los hombres que hacían tan terribles cosas le maldecían y blasfemaban contra Él. De repente, los ojos del Señor vieron hacia arriba. Cuando Su mirada alcanzó a esos hombres ellos se fueron de espaldas. Después de cierto tiempo, ellos continuaron preparando a Jesús para Su crucifixión. Luego miré como levantaban al Señor en esa cruz. ¡Eso fue horrible y triste! Yo lloraba y sollozaba mientras veía esta poderosa visión.

Luego miré miles de ángeles. Ellos eran invisibles para los que estaban en la crucifixión, pero yo los pude ver claramente. Los ángeles colocaban cada gota de sangre que Jesús derramó en las vasijas que cargaban en sus manos y luego llevaron la sangre de Jesús al cielo y la colocaron ante el trono de misericordia. Así como la expiación del Antiguo Testamento, con frecuencia, era llevada a cabo rociando la sangre de los animales en el propiciatorio en el lugar santísimo (Levítico 16:14–16), así también la sangre de Jesús fue aplicada en el propiciatorio en el cielo. Con todo, los sacrificios del Antiguo Testamento fueron sólo un tipo de sacrificio de Cristo. Su sangre fue capaz de expiar todos los pecados del mundo entero de una vez por todas.

Los ángeles lloraban mientras llevaban esas gotas de sangre al trono de misericordia. El tesoro preciado que llevaban representaba un tremendo sacrificio para Jesús. Mientras miraba en asombro, yo empecé a llorar tan fuertemente que no pude ver más la visión. Yo estaba muy maravillada por el gran precio que Jesús pagó por usted y por mí. El sacrificar Su vida, le costó mucho. Hubo un dolor agonizante de por medio. En esta visión, me di cuenta por qué Él dio Su vida. Él sabía que tenía que llevar el peso del mundo entero sobre Sus hombros, pero Él estaba dispuesto a hacerlo para poder rescatarnos del infierno ardiente. ¡Oh, cuánto Él ha hecho por usted y por mí!

Le insto a que acepte a Jesús y Su gran sacrificio por usted. Si usted no conoce a Jesús, lea la Santa Biblia y aprenda más acerca de Él. Entienda más de quién Él es. La Biblia es la verdadera Palabra de Dios, ella dice que usted debe ser nacido de nuevo en el reino de Dios: *"Respondió Jesús y le dijo* [a Nicodemo]: *De cierto, de cierto te digo, que el que no naciere de nuevo, no puede ver el reino de Dios"* (Juan 3:3).

Sus pecados pueden ser lavados a través de la expiación que Jesús logró al derramar Su sangre en la cruz. Aun cuando usted crea que es la peor persona en el mundo, usted puede venir a Jesús y hallar perdón completo. Usted puede orar, "Jesús, creo que eres el Hijo de Dios y mi Salvador. Creo que moriste en la cruz y resucitaste para que yo pudiera tener nueva vida en Ti. Te pido que laves mis pecados por medio de Su sangre limpiadora y me hagas limpio. Lléname con Tu Espíritu Santo para que pueda yo vivir para Ti. Comprometo mi vida para amarte y servirte. Amén".

Si usted hizo esta oración sinceramente desde su corazón, Dios será fiel para perdonarle y limpiarle completamente. Él le dará el don del Espíritu Santo, quien vivirá en usted y le ayudará a obedecer y servirle a Él. Usted será parte de la familia de Dios y Sus ángeles cuidarán de usted.

Los ángeles ministrando

La actividad de los ángeles de Dios en la vida de Su pueblo no fue diseñada para el período bíblico. Todavía continúa vigente. Hebreos 1:14 dice: *"¿No son todos los ángeles espíritus dedicados al servicio divino, enviados para ayudar a los que han de heredar la salvación?"* (NVI). Jesús afirmó el envolvimiento de los ángeles en la vida de las personas al decir, *"Mirad que no menospreciéis a uno de estos pequeños; porque os digo que sus ángeles en los cielos ven siempre el rostro de mi Padre que está en los cielos"* (Mateo 18:10). Salmos 91:9–12 nos asegura,

Porque has puesto a Jehová, que es mi esperanza, al Altísimo por tu habitación, no te sobrevendrá mal, ni plaga tocará tu morada. Pues a sus ángeles mandará acerca de ti, que te guarden en todos tus caminos. En las manos te llevarán, para que tu pie no tropiece en piedra.

Dios envía Sus santos ángeles a ayudar y proteger a aquellos que le pertenecen a Él, los que aman y le sirven a Él. Los ángeles han obrado por cada uno de ustedes que son hijos de Dios. Es posible que un ángel se le aparezca a algunos de ustedes cuando estén pasando por una necesidad especial. A nuestro derredor, la atmósfera está llena de ángeles maravillosos, majestuosos, celestiales, ellos son mensajeros y guerreros de Dios. ¡Ellos son enviados para ayudarle, para darle ánimo!

Yo le llamo a estos mensajeros especiales "ángeles en acción". Ellos vienen con el poder del Dios Todopoderoso. Ellos son intermediarios entre Dios y el hombre, ellos obran por las personas de acuerdo a la voluntad de Dios. Dios envía a Sus ángeles para fortalecerme a medida que yo trato de animar a otras personas en el Señor a través de mi ministerio. He visto tantas cosas lindas que Dios ha hecho por medio de Sus ángeles en varios servicios de las iglesias en las que he participado. Es maravilloso ver a Dios desatando las cargas pesadas que las personas llevan y ver que sus vidas son cambiadas.

En todas mis visiones de Cristo, los ángeles le rodean constantemente. Estoy agradecida porque Dios me ha llamado a ser Su sierva y me ha permitido ver visiones sobrenaturales de los ángeles. Si usted encuentra a alguien que no cree en los ángeles, recuerde que la misma situación ocurría en los tiempos de Jesús: *"los saduceos dicen que no hay resurrección, ni ángel, ni espíritu; pero los fariseos afirman estas cosas"* (Hechos 23:8). Algunas personas viven vidas tan frías y rutinarias que llegan a creer que Dios es frío y rutinario también. Ellas no se dan cuenta que *"Dios es Espíritu; y los que le adoran, en espíritu y en verdad es necesario que adoren"* (Juan 4:24). Tampoco ellas saben que están rodeadas por un reino espiritual vital y activo en el cual tanto los ángeles buenos como los malvados operan.

La hora de la visita de Dios

Debemos siempre fijar nuestros ojos en la gloria manifestada en toda la tierra hoy. Esta es la hora de la dispensación de Dios; esta es la hora de la visita del Señor. A medida que la segunda venida del Señor se acerca, creo que la actividad visible de los ángeles continuará aumentando en la tierra. He notado que otros también han visto revelaciones de Dios y que han escrito libros acerca de ellas. Creo que Dios está preparando eventos internacionales para el triunfo y el reinado de Su Hijo Jesucristo.

También creo que Dios está preparando a Su pueblo para cuando lleguen los problemas y disturbios a la tierra mientras Satanás hace su último pero fútil esfuerzo por detener la venida de nuestro bendito Señor. En esta era de incertidumbre, decadencia y pérdida de control de nuestra vida diaria, es de gran consuelo saber que Dios ha comisionado multitudes de seres espirituales cuya responsabilidad primordial es la de proteger y animar a Su pueblo. ¡Ciertamente Jesús es el gran Yo Soy! Nuestro Dios es un Dios maravilloso, Él quiere que sepamos cuánto nos ama, cuánto se preocupa por nosotros. Pidámosle al Señor que nos rodee con Sus santos ángeles, y perseveremos siempre en amor y servicio a Él, pues Jesús dijo:

Vengo pronto. Aférrate a lo que tienes, para que nadie te quite la corona. Al que salga vencedor lo haré columna del templo de mi Dios, y ya no saldrá jamás de allí. Sobre él grabaré el nombre de mi Dios y el nombre de la nueva Jerusalén, ciudad de mi Dios, la que baja del cielo de parte de mi Dios; y también grabaré sobre él mi nombre nuevo. (Apocalipsis 3:11–12, NVI)

3

¿Cómo son los ángeles?

on frecuencia en la actualidad se muestra a los ángeles como cupidos gorditos que se ven lindos y tiernos, pero no es esa la demostración bíblica. En la Biblia, aquéllos quienes vieron ángeles a menudo quedaban maravillados o asombrados de ver seres tan majestuosos.

La Palabra de Dios presenta un cuadro llamativo de la naturaleza, numerosidad y apariencia de los ángeles. En las visiones y revelaciones que Dios me ha dado, he visto la manifestación de muchas de esas características.

La naturaleza de los ángeles

Los ángeles son una creación particular con cualidades específicas que reflejan quiénes son y para qué fueron creados.

Los ángeles son seres espirituales

Primero, los ángeles son seres espirituales, no de carne y hueso (aunque algunos pueden tomar forma física, como discutiré seguidamente). Dios "hace a los vientos sus mensajeros, y a las flamas de fuego sus ministros" (Salmos 104:4; véase Hebreos 1:7). Como seres espirituales, hay muchas cualidades que los ángeles tienen y que debemos conocer.

Los espíritus son inmortales

Los espíritus son inmortales; no mueren, sino que viven eternamente, Jesús dijo:

> *Pero en cuanto a los que sean dignos de tomar parte en el mundo venidero por la resurrección: ésos no se casarán ni serán dados en casamiento, ni tampoco podrán morir, pues serán como los ángeles.*
> (Lucas 20:35–26, NVI)

Los espíritus no están sujetos a las limitaciones físicas

Los ángeles no están sujetos a las limitaciones físicas que los seres humanos tenemos. Como espíritus, ellos no están limitados por el tiempo ni el espacio. Las puertas bajo llave y las paredes sólidas no son barreras para ellos, y, ellos pueden aparecer y desaparecer (Como ejemplo de esto, véase Hechos 5:17–23; 12:5–11).

Los espíritus son asexuales

Aunque con frecuencia pensamos en los ángeles en términos de características femeninas o masculinas, y aunque muchas veces se han aparecido a los humanos en forma corpórea, los espíritus son asexuales en el sentido de que ellos no se casan ni tienen "bebés" ángeles. *"Porque en la resurrección ni se casarán ni se darán en casamiento, sino serán como los ángeles de Dios en el cielo"* (Mateo 22:30).

Los ángeles son santos

Segundo, las Escrituras nos enseñan que los ángeles son seres santos.

Cuando el Hijo del Hombre venga en su gloria, y todos los santos ángeles con él, entonces se sentará en su trono de gloria.
(Mateo 25:31)

Porque el que se avergonzare de mí y de mis palabras en esta generación adúltera y pecadora, el Hijo del Hombre se avergonzará también de él, cuando venga en la gloria de su Padre con los santos ángeles.
(Marcos 8:38)

Ellos dijeron [a Pedro]: Cornelio el centurión, varón justo y temeroso de Dios, y que tiene buen testimonio en toda la nación de los judíos, ha recibido instrucciones de un santo ángel, de hacerte venir a su casa para oír tus palabras. (Hechos 10:22)

Y el tercer ángel los siguió, diciendo a gran voz: Si alguno adora a la bestia y a su imagen, y recibe la marca en su frente o en su mano, él también beberá del vino de la ira de Dios, que ha sido vaciado puro en el cáliz de su ira; y será atormentado con fuego y azufre delante de los santos ángeles y del Cordero. (Apocalipsis 14:9–10)

Los ángeles deben ser santos porque ellos sirven a un Dios santo. Este pasaje en Isaías es un cuadro irresistible de cómo los serafines reflejan la santidad del Señor:

En el año que murió el rey Uzías vi yo al Señor sentado sobre un trono alto y sublime, y sus faldas llenaban el templo. Por encima de él había serafines; cada uno tenía seis alas; con dos cubrían sus rostros, con dos cubrían sus pies, y con dos volaban. Y el uno al otro daba voces, diciendo: Santo, santo, santo, Jehová de los ejércitos; toda la tierra está llena de su gloria. (Isaías 6:1–3)

Los ángeles son escogidos

Tercero, la Biblia describe a los ángeles como "escogidos". En 1ra Timoteo 5:21, Pablo escribió: *"Te encarezco delante de Dios y del Señor*

Jesucristo, y de sus ángeles escogidos, que guardes estas cosas sin prejuicios, no haciendo nada con parcialidad". La palabra "escogido", en el griego, significa "selecto" o "electo" (Véase *Concordancia Strong* #G1588). El significado de este pasaje no está completamente claro, pero puede que él se estaba refiriendo a la santidad y a la naturaleza eterna de los santos ángeles de Dios, así como escribió David Jeremiah en *What the Bible Says about Angels* (Lo que la Biblia dice acerca de los ángeles):

> Los ángeles de Dios son conocidos como los ángeles "escogidos" (1ra Timoteo 5:21), lo cual indica que Dios los eligió para vivir eternamente en Su cielo. Los cristianos también son llamados "escogidos" (2da Timoteo 2:10). Los ángeles mismos serán enviados por Dios a juntar "a sus escogidos, de los cuatro vientos" (Mateo 24:31), ya que nosotros también somos escogidos para vida eterna. Nosotros y los ángeles compartiremos, por la eternidad, una ciudadanía permanente en el reino celestial de Dios.

> ...C. F. Dickason...dice que los ángeles buenos que no cayeron durante la rebelión de Satanás "se mantuvieron firmes en santidad". Ellos son incapaces de pecar, tal como nosotros seremos en la eternidad. Pero, estaremos en lo cielos sólo porque

la sangre de Cristo ha lavado nuestros pecados.

Herbert Lockyer, en *All the Angels of the Bible* (Todos los ángeles de la Biblia), escribió:

El punto de vista general es que los ángeles escogidos son aquellos que retuvieron su pureza y obediencia cuando algunos de los ángeles cayeron. Hay ángeles que *"guardaron su dignidad" y que no "abandonaron su propia morada"* (Judas 6).

Los ángeles son seres inteligentes, pero no son omniscientes

La Biblia muestra que los ángeles cumplen las instrucciones de Dios con inteligencia, sabiduría y eficiencia. Pablo inclusive habló del lenguaje de los ángeles (1ra Corintios 13:1). Aunque los ángeles tienen mucho más conocimiento del reino espiritual del que nosotros tenemos, ellos no lo saben todo, Dios sí. Ningún pasaje en las Escrituras indica que ellos son omniscientes.

Pero del día y la hora nadie sabe, ni aun los ángeles de los cielos, sino sólo mi Padre. (Mateo 24:36)

A éstos [profetas del Antiguo Testamento] *se les reveló que no para sí mismos, sino para nosotros, administraban las cosas*

que ahora os son anunciadas por los que os han predicado el evangelio por el Espíritu Santo enviado del cielo; cosas en las cuales anhelan mirar los ángeles.
(1ra Pedro 1:12)

Los ángeles saben sólo lo que Dios escoge revelarles, o les permite saber. ¡La Biblia enseña que los ángeles aprenden cosas al observar cómo Dios obra y por medio de Su pueblo! Pablo escribió acerca de cómo Dios usa la iglesia para revelar ciertas cosas a Sus santos ángeles:

Porque según pienso, Dios nos ha exhibido a nosotros los apóstoles como postreros, como a sentenciados a muerte; pues hemos llegado a ser espectáculo al mundo, a los ángeles y a los hombres.
(1ra Corintios 4:9)

[El propósito es] *para que la multiforme sabiduría de Dios sea ahora dada a conocer por medio de la iglesia a los principados y potestades en los lugares celestiales.*
(Efesios 3:10)

Creo que los ángeles se maravillaron cuando Jesús bajó a la tierra en forma humana para ser el Salvador del mundo. Creo también que tenían curiosidad por conocer la totalidad del sufrimiento de Jesús y la crueldad de Su muerte en la cruz. Pienso que todavía están asombrados al ver la liberación que el Hijo de Dios brinda a la humanidad sufriente. Cuando el pueblo de Dios se une en un servicio de liberación, y Su Espíritu comienza a sanar y a libertar a hombres y mujeres por igual, creo que los ángeles quedan atónitos por todos los milagros obrados por la gracia de Dios.

Los ángeles tienen poderes sobrenaturales, pero no son omnipotentes

El apóstol Pedro dijo que, *"los ángeles... son mayores en fuerza y en potencia"* (2da Pedro 2:11) que los seres humanos. Pablo se refirió a los ángeles como a "poderosos" al decir:

> *Porque es justo delante de Dios pagar con tribulación a los que os atribulan, y a vosotros que sois atribulados, daros reposo con nosotros, cuando se manifieste el Señor Jesús desde el cielo con los ángeles de su poder.* (2da Tesalonicenses 1:6–7)

Se le ha otorgado a los ángeles gran poder y habilidad para llevar a cabo los mandatos y voluntad de Dios. Sin embargo, ellos no son todopoderosos, como Él es. Ellos no tienen poder o autoridad ilimitados, sino sólo lo que Dios les ha dado.

El gran poder de los ángeles es demostrado muchas veces en la Biblia en sus referencias a los ángeles ministrando a favor del pueblo de Dios y peleando las batallas de Dios. Los siguientes son ejemplos de ello:

Jehová dijo a Moisés...y yo enviaré delante de ti el ángel, y echaré fuera al cananeo y al amorreo, al heteo, al ferezeo, al heveo y al jebuseo. (Éxodo 33:1–2)

Y Jehová envió la peste sobre Israel desde la mañana hasta el tiempo señalado; y murieron del pueblo, desde Dan hasta Beerseba, setenta mil hombres. Y cuando el ángel extendió su mano sobre Jerusalén para destruirla, Jehová se arrepintió de aquel mal, y dijo al ángel que destruía al pueblo: Basta ahora; detén tu mano. (2da Samuel 24:15–16)

Y aconteció que aquella misma noche salió el ángel de Jehová, y mató en el campamento de los asirios a ciento ochenta y cinco mil. (2da Reyes 19:35)

Daniel respondió al rey...Mi Dios envió su ángel, el cual cerró la boca de los leones, para que no me hiciesen daño, porque ante él fui hallado inocente. (Daniel 6:21–22)

Y enviará sus ángeles con gran voz de trompeta, y juntarán a sus escogidos, de los cuatro vientos, desde un extremo del cielo hasta el otro. (Mateo 24:31)

Después de esto vi a cuatro ángeles en pie sobre los cuatro ángulos de la tierra, que

detenían los cuatro vientos de la tierra, para que no soplase viento alguno sobre la tierra, ni sobre el mar, ni sobre ningún árbol. Vi también a otro ángel que subía de donde sale el sol, y tenía el sello del Dios vivo; y clamó a gran voz a los cuatro ángeles, a quienes se les había dado el poder de hacer daño a la tierra y al mar.
(Apocalipsis 7:1–2)

Y fueron desatados los cuatro ángeles que estaban preparados para la hora, día, mes y año, a fin de matar a la tercera parte de los hombres. (Apocalipsis 9:15)

La numerosidad de ángeles

¿Cuántos ángeles hay? Hay varias referencias en la Biblia de que existe gran cantidad de ángeles. En Mateo 26:53, Jesús hizo referencia a *"legiones de ángeles"*: *"¿Acaso piensas que no puedo ahora orar a mi Padre, y que él no me daría más de doce legiones de ángeles?"* Nuevamente, una legión romana podría estar conformada por tres mil a doce mil soldados, incluyendo la caballería y el personal de apoyo. Por consiguiente, Jesús hablaba de cientos de miles de ángeles que estaban listos para venir a Su ayuda.

Daniel tuvo una visión en la cual vio a *"un Anciano de días"* (Daniel 7:9), Dios mismo, en Su trono. Daniel dijo que *"millares de millares le servían, y millones de millones asistían delante de él"* (v. 10). ¡Esa cantidad sube a más de cien millones!, Con todo, incluso en ese momento, al parecer no todos los ángeles estaba presente porque en Apocalipsis 5:11 Juan vio a los ángeles y los ancianos rodeando el trono de Dios y dijo que, *"su número era millones de millones"*. En otras palabras, había más de cien millones. El escritor de Hebreos se refiere *"a la compañía de muchos millares de ángeles"* (Hebreos 12:22). ¡Hay demasiados ángeles para contarlos!

Otra razón por la cual sabemos que hay multitud de ángeles es porque se hace referencia a ellos como a *"legiones"* del Señor. De hecho, en varias ocasiones en el Antiguo Testamento (285 veces en la versión Reina Valera) se hace referencia a Dios como a *"Jehová de los ejércitos"* o "Dios de las huestes". En el Nuevo Testamento, al coro de ángeles que adoraba a Dios cuando Jesús nació se le llamó *"multitud de huestes celestiales"* (Lucas 2:13). Las palabras hebreas y griegas traducidas como *"huestes"* o *"hueste"* se refieren a un ejército, particularmente a un ejército organizado y listo para la guerra (Véase *Concordancia Strong* #H6635, #H4264, #G4756). Considere estos pasajes que hacen referencias al Señor de las huestes:

> [Ana] *hizo voto, diciendo: Jehová de los ejércitos, si te dignares mirar a la aflicción de tu sierva, y te acordares de mí, y no te olvidares de tu sierva, sino que dieres a tu sierva un hijo varón, yo lo dedicaré a Jehová*

todos los días de su vida, y no pasará navaja sobre su cabeza. (1ra Samuel 1:11)

Entonces dijo David al filisteo: Tú vienes a mí con espada y lanza y jabalina; mas yo vengo a ti en el nombre de Jehová de los ejércitos, el Dios de los escuadrones de Israel, a quien tú has provocado.
(1ra Samuel 17:45)

Entonces él dijo: Oye, pues, palabra de Jehová: Yo vi a Jehová sentado en su trono, y todo el ejército de los cielos estaba junto a él, a su derecha y a su izquierda.
(1ra Reyes 22:19)

Oh Jehová, Dios de los ejércitos, ¿quién como tú? (Salmos 89:8)

Bendecid a Jehová, vosotros sus ángeles, poderosos en fortaleza, que ejecutáis su palabra, obedeciendo a la voz de su precepto. Bendecid a Jehová, vosotros todos sus ejércitos, ministros suyos, que hacéis su voluntad. (Salmos 103:20–21)

Así Jehová de los ejércitos descenderá a pelear sobre el monte de Sion.
(Isaías 31:4)

Jehová de los ejércitos, Dios de Israel, que moras entre los querubines, sólo tú eres Dios de todos los reinos de la tierra; tú hiciste los cielos y la tierra. (Isaías 37:16)

Porque así dice Jehová de los ejércitos: De aquí a poco yo haré temblar los cielos y la tierra, el mar y la tierra seca; y haré temblar a todas las naciones, y vendrá el Deseado de todas las naciones; y llenaré de gloria esta casa, ha dicho Jehová de los ejércitos. (Hageo 2:6–7)

Dios salva y liberta por medio de Sus poderosas huestes de ángeles. Hay innumerables huestes de seres angelicales que rodean y adoran al Señor de día y de noche, también estas huestes cumplen con Sus mandatos.

La apariencia de los ángeles en la Biblia

Tercero, ¿cómo lucen los ángeles de Dios? Los ángeles son especimenes escogidos por belleza y gracia, ellos reflejan la gloria de su Creador. Algunas veces, los ángeles no son visibles al ojo humano mientras cumplen la Palabra y el propósito de Dios. Otras veces, ellos sí son visibles.

Aunque los ángeles son espíritus, pueden tomar varias formas físicas mientras llevan a cabo la voluntad de Dios. Los humanos han visto ángeles (por lo menos) desde la caída del hombre donde Dios colocó a un querubín en el Huerto del Edén para resguardar el Árbol del Bien y el Mal con una espada encendida (Génesis 3:24).

En la Biblia, los ángeles no se aparecieron a las personas en forma de calina o niebla etérea. Algunas veces aparecieron como entidades deslumbrantes, extrañas y predominantes al punto de atemorizar; otras veces, ellos se aparecieron como seres humanos. Estas manifestaciones parecían mantenerse en línea con las funciones que ellos debían cumplir. Algunas veces se les observaba a los ángeles sentados, otras de pie (Como ejemplo de esto, véase Jueces 6:11; Mateo 28:1–2; Juan 20:12; Génesis 18:2; Isaías 6:2; Lucas 24:4). Ellos casi siempre parecían inspirar asombro en todos los que les miraban, como fue el caso de los padres de Sansón, quienes se encontraron con el ángel del Señor:

> *Y la mujer vino y se lo contó a su marido, diciendo: Un varón de Dios vino a mí, cuyo aspecto era como el aspecto de un ángel de Dios, temible en gran manera... Porque aconteció que cuando la llama subía del altar hacia el cielo, el ángel de Jehová subió en la llama del altar ante los ojos de Manoa y de su mujer, los cuales se postraron en tierra.* (Jueces 13:7, 20)

Apariencia resplandeciente y deslumbrante

En la Biblia, cuando los ángeles se aparecían resplandecientes o deslumbrantes, ellos reflejaban la misma gloria de Dios. Por ejemplo, el ángel que anunció el nacimiento de Jesús a los pastores iba acompañado de la gloria de Dios: *"Y he aquí, se les presentó un ángel del Señor, y la gloria del Señor los rodeó de resplandor; y tuvieron gran temor"* (Lucas 2:9). Los dos ángeles que se aparecieron en la tumba vacía de Jesús para anunciar Su resurrección de entre los muertos llevaban *"vestiduras resplandecientes"* (Lucas 24:4). Cuando Herodes persiguió a la Iglesia Primitiva y mandó a apresar al apóstol Pedro, *"he aquí que se presentó un ángel del Señor, y una luz resplandeció en la cárcel"* (Hechos 12:7); Pedro fue puesto en libertad por medio de ese ángel. En Apocalipsis 18:1, Juan escribió, *"vi a otro ángel descender del cielo con gran poder; y la tierra fue alumbrada con su gloria"*. Dios declara y revela Su gloria a través de Sus ángeles.

Formas o facciones extrañas

Algunas veces en la Biblia los ángeles aparecen en formas extrañas o con facciones inusuales. Por ejemplo, esta es una descripción de "cuatro seres vivientes" que el profeta Ezequiel vio en visión. Más tarde él identificó estos seres como querubines:

Y miré, y he aquí venía del norte un viento tempestuoso, y una gran nube, con un fuego envolvente, y alrededor de él un resplandor, y en medio del fuego algo que parecía como bronce refulgente, y en medio de ella la figura de cuatro seres vivientes. Y esta era su apariencia: había en ellos semejanza de hombre. Cada uno tenía cuatro caras y cuatro alas. Y los pies de ellos eran derechos, y la planta de sus pies como planta de pie de becerro; y centelleaban a manera de bronce muy bruñido. Debajo de sus alas, a sus cuatro lados, tenían manos de hombre; y sus caras y sus alas por los cuatro lados. Con las alas se juntaban el uno al otro. No se volvían cuando andaban, sino que cada uno caminaba derecho hacia adelante. Y el aspecto de sus caras era cara de hombre, y cara de león al lado derecho de los cuatro, y cara de buey a la izquierda en los cuatro; asimismo había en los cuatro cara de águila. Así eran sus caras. Y tenían sus alas extendidas por encima, cada uno dos, las cuales se juntaban; y las otras dos cubrían sus cuerpos...Cuanto a la semejanza de los seres vivientes, su aspecto era como de carbones de fuego encendidos, como visión de hachones encendidos que andaba entre los seres vivientes; y el fuego resplandecía, y del fuego salían relámpagos. Y los seres vivientes corrían y volvían a semejanza de relámpagos. (Ezequiel 1:4–11, 13–14)

En Ezequiel 40:3, Ezequiel encuentra a otro ángel *"cuyo aspecto era como aspecto de bronce"*, y, en Isaías 6:2, Isaías describió al serafín como que tenía seis alas. En 2da Reyes 6:17, los ángeles aparecen como un ejército defensor con carros de fuego y caballos que rodeaban a Eliseo. Daniel tuvo la siguiente visión de un ángel:

Y el día veinticuatro del mes primero estaba yo a la orilla del gran río Hidekel.

*Y alcé mis ojos y miré, y he aquí un varón
vestido de lino, y ceñidos sus lomos de oro
de Ufaz. Su cuerpo era como de berilo, y
su rostro parecía un relámpago, y sus ojos
como antorchas de fuego, y sus brazos y sus
pies como de color de bronce bruñido, y el
sonido de sus palabras como el estruendo
de una multitud.* (Daniel 10:4–6)

Juan dio esta descripción de un ángel que él
vio en la revelación recibida:

*Vi descender del cielo a otro ángel fuerte,
envuelto en una nube, con el arco iris sobre
su cabeza; y su rostro era como el sol, y
sus pies como columnas de fuego. Tenía en
su mano un librito abierto; y puso su pie
derecho sobre el mar, y el izquierdo sobre
la tierra; y clamó a gran voz, como ruge
un león; y cuando hubo clamado, siete
truenos emitieron sus voces.*
(Apocalipsis 10:1–3)

En nuestra vida cotidiana, a veces perdemos
la visión del poder y la santidad en la que Dios
habita continuamente. Estas descripciones de
seres angelicales nos hacen recordar que Dios es
glorioso y omnipotente, y que Él continuamente
obra para cumplir Su propósito en el mundo.

Apariencia humana

Muchas veces, cuando los ángeles se les
aparecen a las personas, ellos parecen seres

humanos. Por ejemplo, en Génesis 18, ángeles con apariencia humana acompañaron al Señor cuando Él le habló a Abraham sobre la destrucción de Sodoma y Gomorra:

> *Después le apareció Jehová en el encinar de Mamre, estando él sentado a la puerta de su tienda en el calor del día. Y alzó sus ojos y miró, y he aquí tres varones que estaban junto a él; y cuando los vio, salió corriendo de la puerta de su tienda a recibirlos, y se postró en tierra, y dijo: Señor, si ahora he hallado gracia en tus ojos, te ruego que no pases de tu siervo... Y los varones se levantaron de allí, y miraron hacia Sodoma; y Abraham iba con ellos acompañándolos. Y Jehová dijo: ¿Encubriré yo a Abraham lo que voy a hacer, habiendo de ser Abraham una nación grande y fuerte, y habiendo de ser benditas en él todas las naciones de la tierra?...Entonces Jehová le dijo: Por cuanto el clamor contra Sodoma y Gomorra se aumenta más y más, y el pecado de ellos se ha agravado en extremo, descenderé ahora, y veré si han consumado su obra según el clamor que ha venido hasta mí; y si no, lo sabré. Y se apartaron de allí los varones, y fueron hacia Sodoma; pero Abraham estaba aún delante de Jehová.*
>
> (Génesis 18:1–3, 16–18, 20–22)

Los ángeles que llegaron a Sodoma para rescatar a Lot y su familia, los mismos ángeles que visitaron a Abraham en el pasaje anterior, a primera instancia parecían humanos. (Véase Génesis 19:1–29).

En la visión de Ezequiel, los ángeles que llevaban a cabo el juicio de Dios también parecían humanos:

Clamó en mis oídos con gran voz, diciendo: Los verdugos de la ciudad han llegado, y cada uno trae en su mano su instrumento para destruir. Y he aquí que seis varones venían del camino de la puerta de arriba que mira hacia el norte, y cada uno traía en su mano su instrumento para destruir. Y entre ellos había un varón vestido de lino, el cual traía a su cintura un tintero de escribano; y entrados, se pararon junto al altar de bronce. (Ezequiel 9:1–2)

Daniel habló de su encuentro con el ángel Gabriel, quien tenía *"apariencia de hombre"*, por lo menos a primera instancia:

Y aconteció que mientras yo Daniel consideraba la visión y procuraba comprenderla, he aquí se puso delante de mí uno con apariencia de hombre. Y oí una voz de hombre entre las riberas del Ulai, que gritó y dijo: Gabriel, enseña a éste la visión. Vino luego cerca de donde yo estaba; y con su venida me asombré, y

me postré sobre mi rostro. Pero él me dijo:
Entiende, hijo de hombre, porque la visión
es para el tiempo del fin. (Daniel 8:15–17)

Cuando los ángeles aparecían en forma humana, casi siempre parecían varones, pero hay una excepción notable en esto. La Biblia nos dice de dos ángeles que tenían apariencia de mujeres. Su rango no es mencionado en el relato bíblico, pero tenían alas como las de una cigüeña y llevaban viento en sus alas. Ellas cumplieron con su misión de una manera espectacular, levantando la efa de iniquidad entre la tierra y el cielo. (Véase Zacarías 5:5–11).

De los relatos bíblicos podemos notar que incluso los ángeles con apariencia masculina tenían cierta cualidad que inspiraba asombro lo cual revelaba su naturaleza angelical. Sin embargo, ese no siempre es el caso. Se nos enseña ser hospitalarios con los extraños porque esos pueden ser ángeles disfrazados como humanos. *"No se olviden de practicar la hospitalidad, pues gracias a ella algunos, sin saberlo, hospedaron ángeles"* (Hebreos 13:2, NVI).

¡Puede que veamos a un ángel y no lo reconozcamos como tal! Quizás, en esas ocasiones, la presencia de esos ángeles nos es oculta para prevenir que nos inclinemos a adorar a los ángeles y nos mantengamos enfocados en nuestro verdadero llamado. Dios quiere que le amemos y le sirvamos a Él no sólo en la presencia tangible de Sus santos ángeles, sino también en la presencia de los seres humanos, los cuales son preciados a Su vista. La Biblia nos exhorta, en 1ra Juan 4:20, *"Si alguno dice: Yo amo a Dios, y aborrece a su hermano, es mentiroso. Pues el que no ama a su hermano a quien ha visto, ¿cómo puede amar a Dios a quien no ha visto?"*

Hay ángeles entre nosotros

Amigos, la Biblia nos enseña que hay ángeles verdaderos entre nosotros. Algunas veces los vemos y ni siquiera nos damos cuenta que lo son. Otras veces, sentimos su presencia y sabemos que están con nosotros. ¡Hay ocasiones cuando pensamos que los necesitamos desesperadamente, pero ellos parecen estar en cualquier otro lugar! Sin embargo, si creemos en la Biblia, debemos entender que los ángeles están siempre con nosotros. Ellos nos ayudan, nos guían, y nos cuidan a medida que cumplen la voluntad de Dios aquí en la tierra. Ya sea que los veamos o no, los ángeles siempre le sirven a Él en amor y le dan toda la gloria, como también nosotros debemos hacerlo.

He visto muchos ángeles en muchas formas diferentes. Los ángeles que Dios me ha permitido ver en las visiones y revelaciones que Él me ha dado son criaturas preciosas a la vista. De la forma en que ellos lucen corresponde siempre a la misión que estaban cumpliendo. Algunas veces veo ángeles en su forma espiritual, y, algunas veces los veo en forma "humana". En sus formas espirituales parecen transparentes, con un relieve o forma de un ser humano. Las paredes físicas no son barreras para ellos. La luz se desplaza alrededor de ellos y les traspasa, algunas veces esto dificulta que yo pueda ver sus facciones distintivas. Con frecuencia veo ángeles espirituales como estos. Algunas veces, sin embargo, veo ángeles con alas obrando para cumplir con la Palabra del Señor.

Lo que me impresiona de los ángeles es que ellos continuamente obran para el reino y la voluntad de Dios. Esto lo que siempre debemos tener presente acerca de los ángeles. No importa cuán magníficos o poderosos sean, debemos recordar que ellos son siervos del Altísimo, al igual que nosotros. Él es el único digno de ser honrado y alabado.

Parte II

La función de los ángeles

4

Tipos y rangos de los ángeles

on todos los ángeles iguales, existen diferencias entre ellos? La Biblia claramente indica que el reino angelical incluye seres santos llamados "ángeles", "arcángeles", "querubines" y "serafines". También da a entender que hay una organización jerárquica entre los ángeles e incluso entre los demonios.

Al referirse a las *"legiones de ángeles"* en Mateo 26:53, Jesús hizo una aparente referencia a la organización de los ángeles. Como mencioné anteriormente, una legión es una unidad en la estructura organizacional del ejército romano. Cuando Pablo habló de *"voz de arcángel"* (1ra Tesalonicenses 4:16), pareciera aludir a la jerarquía en la cual algunos ángeles tienen mayor autoridad que otros, un arcángel siendo de más alto rango que un ángel. Judas, el hermano del Señor, mencionó al arcángel Miguel (Judas 9).

A través de los siglos, la tradición eclesial desarrolló esta jerarquía de ángeles, la cual es conformada por nueve órdenes o niveles de seres angelicales: ángeles, arcángeles, principados, potestades, virtudes, dominios, tronos, querubines y serafines. En varios pasajes de los escritos de Pablo podemos apreciar cómo fue formada esta lista, en ellos él nos da una idea de la organización de los ángeles:

Por lo cual estoy seguro de que ni la muerte, ni la vida, ni ángeles, ni principados, ni potestades, ni lo presente, ni lo por venir, ni lo alto, ni lo profundo, ni ninguna otra cosa creada nos podrá separar del amor de Dios, que es en Cristo Jesús Señor nuestro. (Romanos 8:38–39)

[Dios] operó en Cristo, resucitándole de los muertos y sentándole a su diestra en los lugares celestiales, sobre todo principado y autoridad y poder y señorío, y sobre todo nombre que se nombra, no sólo en este siglo, sino también en el venidero. (Efesios 1:20–21)

Dios...creó todas las cosas; para que la multiforme sabiduría de Dios sea ahora dada a conocer por medio de la iglesia a los principados y potestades en los lugares celestiales. (Efesios 3:9–10)

Porque en él fueron creadas todas las cosas, las que hay en los cielos y las que

> *hay en la tierra, visibles e invisibles; sean*
> *tronos, sean dominios, sean principados,*
> *sean potestades; todo fue creado por medio*
> *de él y para él.* (Colosenses 1:16)

Desde el tiempo de los padres de la Iglesia Primitiva hasta nuestros días, los creyentes han tenido varias opiniones con respecto a las categorías y los rangos de los ángeles. Pero, usando la Biblia parece claro que existen diferentes tipos de ángeles y que los ángeles tienen varias posiciones en el reino de Dios. Así como lo hay en el cuerpo de Cristo, también se cumple en los ángeles que:

> *...hay diversidad de dones, pero el*
> *Espíritu es el mismo. Y hay diversidad de*
> *ministerios, pero el Señor es el mismo. Y*
> *hay diversidad de operaciones, pero Dios*
> *que hace todas las cosas en todos, es el*
> *mismo.* (1ra Corintios 12:4–6)

Veamos más de cerca lo que la Biblia nos dice sobre los arcángeles, serafines y querubines.

Arcángeles

De acuerdo a la tradición judía, hay cuatro arcángeles: Miguel, Gabriel, Rafael y Uriel. Sin embargo, en la Biblia solamente dos veces se menciona la palabra arcángel, y una sola vez se menciona explícitamente el nombre de un arcángel:

Porque el Señor mismo con voz de mando, con voz de arcángel, y con trompeta de Dios, descenderá del cielo; y los muertos en Cristo resucitarán primero. Luego nosotros los que vivimos, los que hayamos quedado, seremos arrebatados juntamente con ellos en las nubes para recibir al Señor en el aire, y así estaremos siempre con el Señor. (1ra Tesalonicenses 4:16–17)

Pero cuando el arcángel Miguel contendía con el diablo, disputando con él por el cuerpo de Moisés, no se atrevió a proferir juicio de maldición contra él, sino que dijo: El Señor te reprenda. (Judas 9)

Miguel, comandante de los ángeles

Miguel es el único ángel que las Escrituras nombran específicamente como arcángel. También, él es uno de los dos ángeles nombrados en toda la Biblia. El nombre *Miguel* quiere decir "¿quién como Dios?" (Véase *Concordancia Strong* #H4317).

Miguel aparece tanto en el Antiguo como en el Nuevo Testamento (Daniel 10:13, 21; 12:1; Judas 9; Apocalipsis 12:7). También se le muestra en la Biblia en conflicto espiritual con el diablo y las potestades de las tinieblas. Al parecer Miguel es el comandante supremo de los ángeles, las "huestes" celestiales, que combaten en el nombre de Dios.

En Daniel 10:13, a Miguel se le llama *"uno de los principales príncipes"*. En este pasaje, Daniel contaba del ángel que se le apareció en respuesta a sus oraciones, y, que el ángel le dijo:

Daniel, no temas; porque desde el primer día que dispusiste tu corazón a entender y a humillarte en la presencia de tu Dios, fueron oídas tus palabras; y a causa de tus palabras yo he venido. Mas el príncipe del reino de Persia se me opuso durante veintiún días; pero he aquí Miguel, uno de los principales príncipes, vino para ayudarme, y quedé allí con los reyes de Persia. He venido para hacerte saber lo que ha de venir a tu pueblo en los postreros días; porque la visión es para esos días.

(Daniel 10:12–14)

Más adelante en este capítulo, leemos nuevamente que Miguel acompañaba a ese ángel para oponerse al gobernador espiritual del reino de Persia:

Pues ahora tengo que volver para pelear contra el príncipe de Persia; y al terminar con él, el príncipe de Grecia vendrá. Pero yo te declararé lo que está escrito en el libro de la verdad; y ninguno me ayuda contra ellos, sino Miguel vuestro príncipe.   (vv. 20–21)

En Daniel 12:1, a Miguel se le llama *"el gran príncipe"* quien cuida del pueblo de Dios en *"tiempo de angustia"*:

83

En aquel tiempo se levantará Miguel, el gran príncipe que está de parte de los hijos de tu pueblo; y será tiempo de angustia, cual nunca fue desde que hubo gente hasta entonces; pero en aquel tiempo será libertado tu pueblo, todos los que se hallen escritos en el libro.

En el Nuevo Testamento, Judas anota el sencillo hecho de que cuando Moisés murió en el Monte Nebo, el diablo vino para tratar de reclamar su cuerpo. Pero Miguel, el general angélico de Dios, lo resistió y reprendió en el nombre del Señor:

Pero cuando el arcángel Miguel contendía con el diablo, disputando con él por el cuerpo de Moisés, no se atrevió a proferir juicio de maldición contra él, sino que dijo: El Señor te reprenda. (Judas 9)

El arcángel Miguel también luchó contra Satanás en el gran conflicto anotado en el libro de Apocalipsis:

Después hubo una gran batalla en el cielo: Miguel y sus ángeles luchaban contra el dragón; y luchaban el dragón y sus ángeles; pero no prevalecieron, ni se halló ya lugar para ellos en el cielo. Y fue lanzado fuera el gran dragón, la serpiente antigua, que se llama diablo y Satanás, el cual engaña al mundo entero; fue arrojado a la tierra, y sus ángeles fueron arrojados con él. (Apocalipsis 12:7–9)

El poderoso arcángel Miguel es mencionado siempre con respeto y admiración por aquellos que le mencionan en la Biblia. El debe servirnos de inspiración para que seamos fieles y obedientes a Dios a medida que servimos en Su propósito para Su reino.

Gabriel, mensajero principal

El otro arcángel mencionado en la Biblia es Gabriel. *Gabriel* quiere decir *"hombre de Dios"* (Véase *Concordancia Strong* #H1403). La tradición sostiene que él es un arcángel, aunque, nuevamente, la Biblia no lo dice así específicamente. Sin embargo, él es un ángel mensajero muy importante que está *"delante de Dios"* (Lucas 1:19) y juega una función prominente en las Escrituras.

Gabriel aparece en la Biblia en cuatro ocasiones diferentes, cada vez que él aparece va relacionada a anunciar el propósito de Dios y el programa concerniente a Jesús el Mesías y *"el tiempo del fin"*. Daniel escribió sobre su encuentro con Gabriel después de recibir una segunda visión de Dios:

> *Y aconteció que mientras yo Daniel consideraba la visión y procuraba comprenderla, he aquí se puso delante de mí uno con apariencia de hombre. Y oí una voz de hombre...que gritó y dijo: Gabriel, enseña a éste la visión. Vino luego cerca de donde yo estaba; y...me dijo: Entiende,*

hijo de hombre, porque la visión es para el tiempo del fin. (Daniel 8:15–17)

Daniel también habló de otra visita de Gabriel después de que Daniel se había humillado, confesado sus pecados y los pecados de la nación e intercedido ante Dios por el pueblo de Israel:

Aún estaba hablando y orando, y confesando mi pecado y el pecado de mi pueblo Israel, y derramaba mi ruego delante de Jehová mi Dios por el monte santo de mi Dios; aún estaba hablando en oración, cuando el varón Gabriel, a quien había visto en la visión al principio, volando con presteza, vino a mí como a la hora del sacrificio de la tarde. Y me hizo entender, y habló conmigo, diciendo: Daniel, ahora he salido para darte sabiduría y entendimiento. Al principio de tus ruegos fue dada la orden, y yo he venido para enseñártela, porque tú eres muy amado. Entiende, pues, la orden, y entiende la visión. (Daniel 9:20–23)

Gabriel continuó explicándole a Daniel los eventos de las *"setenta semanas"* (v. 24) y que éstos serían un momento crucial en la historia de Israel. El interpretó el propósito y el programa de Dios para el pueblo de Israel y el Mesías (Véase versículos 24–27).

En el Nuevo Testamento, Gabriel anunció el nacimiento de Juan el Bautista a sus padres ancianos. Zacarías, un sacerdote, quemaba incienso en el templo cuando:

...se le apareció un ángel del Señor puesto en pie a la derecha del altar del incienso. Y se turbó Zacarías al verle, y le sobrecogió temor. Pero el ángel le dijo: Zacarías, no temas; porque tu oración ha sido oída, y tu mujer Elisabet te dará a luz un hijo, y llamarás su nombre Juan...Y hará que muchos de los hijos de Israel se conviertan al Señor Dios de ellos. E irá delante de él con el espíritu y el poder de Elías...para preparar al Señor un pueblo bien dispuesto. Dijo Zacarías al ángel: ¿En qué conoceré esto? Porque yo soy viejo, y mi mujer es de edad avanzada. Respondiendo el ángel, le dijo: Yo soy Gabriel, que estoy delante de Dios; y he sido enviado a hablarte, y darte estas buenas nuevas.

(Lucas 1:11–13, 16–19)

Este mismo mensajero bendito también anunció el nacimiento de Jesucristo a Su madre María:

Al sexto mes el ángel Gabriel fue enviado por Dios a una ciudad de Galilea, llamada Nazaret, a una virgen desposada con un varón que se llamaba José, de la casa de David; y el nombre de la virgen era María. Y entrando el ángel en donde ella estaba, dijo: ¡Salve, muy favorecida! El Señor es contigo; bendita tú entre las mujeres. Mas ella, cuando le vio, se turbó por sus palabras, y pensaba qué salutación sería esta. Entonces el ángel le dijo: María, no temas, porque has hallado gracia delante de Dios. Y ahora, concebirás en tu vientre, y darás a luz un hijo, y llamarás su nombre JESÚS. Este será grande, y será llamado Hijo del Altísimo; y el Señor Dios le dará el trono de David su padre; y reinará sobre la casa de Jacob para siempre, y su reino no tendrá fin. (Lucas 1:26–33)

Aunque Mateo, el escritor del primer evangelio, no lo llama por nombre, fue probablemente Gabriel quien le aseguró a José que debería seguir adelante con los planes para casarse con María:

Y pensando él en esto, he aquí un ángel del Señor le apareció en sueños y le dijo: José, hijo de David, no temas recibir a María tu mujer, porque lo que en ella es engendrado, del Espíritu Santo es.
(Mateo 1:20)

Asimismo, es probable que fuera Gabriel quien llevó los mensajes a José para proteger la vida de Cristo hasta que llegara Su hora:

Después que partieron ellos, he aquí un ángel del Señor apareció en sueños a José y dijo: Levántate y toma al niño y a su madre, y huye a Egipto, y permanece allá hasta que yo te diga; porque acontecerá que Herodes buscará al niño para matarlo. Y él, despertando, tomó de noche al niño y a su madre, y se fue a Egipto, y estuvo allá hasta la muerte de Herodes; para que se cumpliese lo que dijo el Señor por medio del profeta, cuando dijo: De Egipto llamé a mi Hijo...Pero después de muerto Herodes, he aquí un ángel del Señor apareció en sueños a José en Egipto, diciendo: Levántate, toma al niño y a su madre, y vete a tierra de Israel, porque han muerto los que procuraban la muerte del niño. Entonces él se levantó, y tomó al niño y a su madre, y vino a tierra de Israel.

(Mateo 2:13–14, 19–21)

Con frecuencia Gabriel es descrito como un ser celestial que toca la trompeta. Esta idea probablemente surge del pasaje sobre el retorno de Cristo, que dice: *"Porque el Señor mismo con voz de mando, con voz de arcángel, y con trompeta de Dios"* (1ra Tesalonicenses 4:16). Este versículo no dice que el arcángel sonará la trompeta. Sin embargo, el arcángel parece estar anunciando a la tierra que el Mesías ha regresado.

Gabriel es un ángel mensajero fidedigno quien está en Su presencia y lleva a Su pueblo noticias importantes concernientes a Sus planes para el mundo. La reverencia que este ángel tiene hacia Dios, Su Palabra y Su obra debe inspirarnos a amar y servir a Dios a medida que Él lleva a cabo Su propósito para nuestras vidas y en la vida de la humanidad entera.

Querubines y serafines

En la Biblia sobresalen dos tipos de ángeles: querubín y serafín. Ambos están conectados con la presencia de Dios.

Querubín

El querubín, o querubines, no son como los muestra la descripción popular de bebés rollicitos y con alas. Estos son seres poderosos y santos. La primera vez que la Biblia menciona a los querubines es en Génesis 3:24 cuando Adán y Eva fueron expulsados del Huerto del Edén por causa de su rebelión contra Dios: *"Echó, pues, fuera al hombre, y puso al oriente del huerto de Edén querubines, y una espada encendida que se revolvía por todos lados, para guardar el camino del árbol de la vida".*

Se desconoce el origen del nombre *querubín,* pero estos ángeles mantienen una relación cercana con Dios. En siete lugares diferentes de la Biblia leemos que nuestros gran Señor es el Dios que mora *"entre los querubines"* (1ra Samuel 4:4; 2da Samuel 6:2; 2da Reyes 19:15; 1ra Crónicas 13:6; Salmos 80:1; Salmos 99:1; Isaías 37:16). En 2da Samuel 22:11, David expresó que cuando Dios contestó su oración y vino a su rescate, Él *"cabalgó sobre un querubín, y voló; voló sobre las alas del viento"* (Véase también Salmos 18:10).

Cuando Dios le dio a Moisés los planos para el arca del pacto, o el arca del testimonio, en el tabernáculo, Él instruyó a Moisés que colocara réplicas de dos querubines en cada extremo del propiciatorio, sobre el cual la sangre de la expiación sería rociada:

> *Y harás un propiciatorio de oro fino, cuya longitud será de dos codos y medio, y su anchura de codo y medio. Harás también dos querubines de oro; labrados a martillo los harás en los dos extremos del propiciatorio. Harás, pues, un querubín en un extremo, y un querubín en el otro extremo; de una pieza con el propiciatorio harás los querubines en sus dos extremos. Y los querubines extenderán por encima las alas, cubriendo con sus alas el propiciatorio; sus rostros el uno enfrente del otro, mirando al propiciatorio los rostros de los querubines. Y pondrás el propiciatorio encima del arca, y en el arca pondrás el testimonio que yo te daré. Y de allí me declararé a ti, y hablaré contigo de sobre el propiciatorio, de entre los dos querubines que están sobre el arca del testimonio.* (Éxodo 25:17–22)

La presencia de Dios habitó entre esos querubines del tabernáculo, y desde ese lugar, Él habló a Moisés (Véase también Números 7:89). La Biblia dice que también las cortinas y el velo del tabernáculo estaban decoradas con querubines (Éxodo 26:1, 31; 36:8, 35).

Cuando Salomón edificó el templo en Jerusalén, él lo decoró con esculpidos, talladuras y esculturas de querubines, mandó que las cortinas del templo fueran bordadas con querubines (1ra Reyes 6:22–35; 7:29, 36; 2da Crónicas 3:7, 10–14). En el exilio de Babilonia, Ezequiel tuvo una visión del futuro templo, el cual también tenía muchos esculpidos de querubines (Ezequiel 41:18–20, 25).

¿Cómo son los querubines? Ezequiel los mencionó en el primer capítulo de su libro, pero los describió detalladamente en el capítulo diez:

Miré, y he aquí en la expansión que había sobre la cabeza de los querubines como una piedra de zafiro, que parecía como semejanza de un trono que se mostró sobre ellos. Y habló al varón vestido de lino, y le dijo: Entra en medio de las ruedas debajo de los querubines, y llena tus manos de carbones encendidos de entre los querubines, y espárcelos sobre la ciudad. Y entró a vista mía. Y los querubines estaban a la mano derecha de la casa cuando este varón entró; y la nube llenaba el atrio de adentro. Entonces la gloria de Jehová se elevó de encima del querubín al umbral de la puerta; y la casa fue llena de la nube, y el atrio se llenó del resplandor de la gloria de Jehová. Y el estruendo de las alas de los querubines se oía hasta el atrio de afuera, como la voz del Dios Omnipotente cuando habla. Aconteció, pues, que al mandar al varón vestido de lino, diciendo: Toma fuego de entre las ruedas, de entre los querubines, él entró y se paró entre las ruedas. Y un querubín extendió su mano de en medio de los querubines al fuego que estaba entre ellos, y tomó de él y lo puso en las manos del que estaba vestido de lino, el cual lo tomó y salió. Y apareció en los querubines la figura de una mano de hombre debajo de sus alas. Y miré, y he aquí cuatro ruedas junto a los querubines, junto a cada querubín una rueda; y el aspecto de las ruedas era como de crisólito. En cuanto a su apariencia, las cuatro eran de una misma forma, como si estuviera una en medio de otra. Cuando andaban, hacia los cuatro frentes andaban; no se volvían cuando andaban, sino que al lugar adonde se volvía la primera, en pos de ella iban; ni se volvían cuando andaban. Y todo su cuerpo, sus espaldas, sus manos, sus alas y las ruedas estaban llenos de ojos alrededor en sus cuatro ruedas. A las ruedas, oyéndolo yo, se les gritaba: ¡Rueda! Y cada uno tenía cuatro caras. La primera era rostro de querubín; la segunda, de hombre; la tercera, cara de león; la cuarta, cara de águila. Y se levantaron los querubines; este es el ser viviente que vi en el río Quebar. Y cuando andaban los querubines, andaban las ruedas junto con ellos; y cuando los querubines alzaban sus alas para levantarse de la tierra, las ruedas tampoco se apartaban de ellos. Cuando se paraban ellos, se paraban ellas, y cuando ellos se alzaban, se alzaban con ellos; porque el espíritu de los seres vivientes estaba en ellas. Entonces la gloria de Jehová se elevó de encima del umbral de la casa, y se puso sobre los querubines. Y alzando los querubines sus alas, se levantaron de la tierra delante de mis ojos; cuando ellos salieron, también las ruedas se alzaron al lado de ellos; y se pararon a la entrada de la puerta oriental de la casa de Jehová, y la gloria del Dios de Israel estaba por encima sobre ellos. Estos eran los mismos seres vivientes que vi debajo del Dios de Israel junto al río Quebar; y conocí que eran querubines. Cada uno tenía cuatro caras y cada uno cuatro alas, y figuras de manos de hombre debajo de sus alas.

(Ezequiel 10:1–21)

¡Imagínese estos magníficos seres conectados con la presencia, pureza y gloria de Dios que reflejan Su majestuosidad!

Pero también es un simple hecho relacionado con los querubines. Tal como escribí anteriormente, al parecer Lucifer fue un querubín antes de caer y convertirse en Satanás. En Ezequiel 28, el profeta probablemente se refería al diablo cuando dijo que ese era *"querubín grande, protector"* que estaba *"en el santo monte de Dios"* (v. 14). Debido al pecado de Lucifer, Dios dijo: *"te arrojé de entre las piedras del fuego, oh querubín protector"* (v. 16). Resulta casi inimaginable pensar en qué tan bajo cayó Satanás al sucumbir en el orgullo, rebelarse con Dios y ser echado del cielo. El pasó de ser un *"querubín grande, protector"* al *"dragón, la serpiente antigua"* (Apocalipsis 20:2), que será *"lanzado en el lago de fuego y azufre"* (v. 10). ¡Cuán terrible caída!

Si incluso un querubín pudo tener semejante final, este es un grave recordatorio de las consecuencias del pecado. ¡Con todo, también es un recordatorio del gran sacrificio que Cristo hizo por nosotros para restaurarnos ante la presencia de Dios como si nunca hubiéramos pecado! Como dice Hebreos 2:16, *"porque ciertamente no socorrió a los ángeles, sino que socorrió a la descendencia de Abraham"*.

Serafín

El serafín, o serafines, son mencionados directamente sólo en un pasaje de la Biblia. Isaías vívidamente describe estas criaturas celestiales:

> *En el año que murió el rey Uzías vi yo al Señor sentado sobre un trono alto y sublime, y sus faldas llenaban el templo. Por encima de él había serafines; cada uno tenía seis alas; con dos cubrían sus*

rostros, con dos cubrían sus pies, y con dos volaban. Y el uno al otro daba voces, diciendo: Santo, santo, santo, Jehová de los ejércitos; toda la tierra está llena de su gloria. Y los quiciales de las puertas se estremecieron con la voz del que clamaba, y la casa se llenó de humo. (Isaías 6:1–4)

(Los ángeles de los cuales leemos en Apocalipsis 4:8, los cuales rodeaban el trono y decían continuamente, *"santo, santo, santo es el Señor Dios Todopoderoso, el que era, el que es, y el que ha de venir"* puede que sean serafines o querubines puesto que parecen tener características de ambos).

Los serafines están más cerca del Creador y Hacedor que todos los otros ángeles, volando sobre el trono de Dios. Estos asistentes en el trono de Dios parecen habitar en medio de Su santidad. El ver a Dios en Su trono con los serafines sobre Él llenaba a Isaías a un sentido de su mismo pecado e indignidad, uno de los serafines fue enviado por Dios para tocar la boca de Isaías con un carbón encendido purificador sacado del altar celestial:

Entonces [dijo Isaías]*: ¡Ay de mí! que soy muerto; porque siendo hombre inmundo de labios, y habitando en medio de pueblo que tiene labios inmundos, han visto mis ojos al Rey, Jehová de los ejércitos. Y voló hacia mí uno de los serafines, teniendo en su mano un carbón encendido, tomado del altar con unas tenazas; y tocando con él*

*sobre mi boca, dijo: He aquí que esto tocó
tus labios, y es quitada tu culpa, y limpio
tu pecado.* (Isaías 6:5–7)

De las seis alas de los serafines, dos pares cubren
su rostro y pies en la presencia de la resplandeciente
gloria de Dios, mientras un par es usado para
volar. En el hebreo la palabra *seraf* quiere decir
"encendido" o "ardiente" (Véase *Concordancia
Strong* #H8314). En las visiones y revelaciones
que he recibido, cuando veo a los ángeles como
espíritus (no en forma humana), ellos siempre
lucen como el fuego. Creo que esto es porque los
ángeles especialmente los serafines están frente
a Aquel del cual se escribe que, *"nuestro Dios es
fuego consumidor"* (Hebreos 12:29). En una de sus
visiones, Daniel dijo, *"su trono llama de fuego, y las
ruedas del mismo, fuego ardiente. Un río de fuego
procedía y salía de delante de él"* (Daniel 7:9–1).
Moisés informó que *"la apariencia de la gloria
de Jehová era como un fuego abrasador"* (Éxodo
24:17). En Salmos 104:4, leemos que "[Dios] *hace
a los vientos sus mensajeros, y a las flamas de
fuego sus ministros"*.

Los serafines son seres inteligentes que
ensalzan al Santo de Israel. Ellos arden en amor
por Dios. Su devoción debe también inspirarnos a
un amor más profundo por Dios.

El Ángel del Señor

Me gustaría expresar algunas palabras aquí
acerca del término "ángel del Señor" o "Ángel

del Señor", el cual se ve frecuentemente en las Escrituras (Como ejemplo de esto, véase Génesis 16:7–11; Éxodo 3:1–6; 2da Samuel 24:16; Zacarías 3:1–7; Hechos 12:21–23). En varias ocasiones, este término puede referirse a alguno de los ángeles de Dios, a Dios mismo, o al Señor Jesucristo, del cual también se dice que es una aparición pre-encarnada. De cualquier modo, cualquier referencia de las Escrituras a este ángel merece nuestra atención y respeto.

Enviados a servir

Hemos visto que existen diferentes tipos de ángeles que sirven a Dios, y, que los ángeles tienen varias posiciones en Su reino. Todos los ángeles de Dios reflejan Su grandeza, poder y santidad. ¡Lo maravilloso de esto es que ellos obran a favor nuestro! Hebreos 1:14 dice: *"¿No son todos los ángeles espíritus dedicados al servicio divino, enviados para ayudar a los que han de heredar la salvación?"* (NVI).

En el siguiente capítulo veremos algunas de las funciones específicas que los ángeles cumplen.

5

Espíritus que ministran

e acuerdo con la Biblia, los ángeles tienen esferas de autoridad y ciertos deberes que cumplir en los cielos y en el universo completo. Aunque la tierra no es su morada natural, ellos activamente llevan a cabo operaciones aquí. Los ángeles viajan de un lado a otro entre el cielo y la tierra cumpliendo con la voluntad de Dios. Jacob vio en su visión una escalera que iba desde el cielo hasta la tierra, por la cual ángeles subían y bajaban (Génesis 28:12). En la *Parte III*, hablaré acerca de la actividad de los ángeles que he visto por medio de las visiones y revelaciones que Dios me ha dado. Estas revelaciones ilustran la continua presencia y obra de Dios en Su pueblo hoy en día.

Sí, mi querido amigo, los ángeles se mantienen activos alrededor nuestro en todo momento. Están ocurriendo cosas en el reino espiritual que nuestros sentidos físicos no pueden detectar; estas cosas deben ser discernidas espiritualmente.

Una historia en 2da Reyes 6 sirve como ilustración de esta verdad. El rey de Siria estaba confundido y perplejo porque el rey de Israel siempre parecía saber sus planes con anticipación. Cuando él invadía Israel, el pueblo de Dios podía derrotarlo. El rey de Siria pensó que había un espía entre sus aliados, pero alguien le dijo que había un profeta en Israel, Eliseo, quien conocía incluso *las palabras que tú hablas en tu cámara más secreta* (v. 12).

Entonces envió el rey allá gente de a caballo, y carros, y un gran ejército, los cuales vinieron de noche, y sitiaron la ciudad. Y se levantó de mañana y salió el que servía al varón de Dios, y he aquí el ejército que tenía sitiada la ciudad, con gente de a caballo y carros. Entonces su criado le dijo: ¡Ah, señor mío! ¿qué haremos? El le dijo: No tengas miedo, porque más son los que están con nosotros que los que están con ellos. Y oró Eliseo, y dijo: Te ruego, oh Jehová, que abras sus ojos para que vea. Entonces Jehová abrió los ojos del criado, y miró; y he aquí que el monte estaba lleno de gente de a caballo, y de carros de fuego alrededor de Eliseo. (2da Reyes 6:14–17)

Con todo un universo de seres celestiales, que hemos y no hemos visto, rodeándonos y ayudándonos, podemos ser consolados y fortalecidos. Debemos respetar estos agentes de Dios, estos seres creados a los cuales llamamos ángeles. Dios los puso en nuestras vidas para ministrar nuestras necesidades. Sus obras y acciones para con el pueblo de Dios debe inspirarnos a perseverar en nuestro diario andar con Él.

Adoradores de Dios

La función principal de los ángeles es adorar y exaltar a Dios y Su Hijo, Jesucristo. Esto es así porque *todo* lo que Dios ha creado, los ángeles, las personas, incluso la naturaleza, lo creó con el propósito de glorificarse. Las Escrituras nos dicen:

Alabad a Jehová desde los cielos; alabadle en las alturas. Alabadle, vosotros todos sus ángeles; alabadle, vosotros todos sus ejércitos. Alabadle, sol y luna; alabadle, vosotras todas, lucientes estrellas. Alabadle, cielos de los cielos, y las aguas que están sobre los cielos. Alaben el nombre de Jehová; porque él mandó, y fueron creados. (Salmos 148:1–5)

Y otra vez, cuando [Dios] *introduce al Primogénito en el mundo, dice: Adórenle* [a Cristo] *todos los ángeles de Dios.*
(Hebreos 1:6)

[Juan oyó] *la voz de muchos ángeles alrededor del trono, y de los seres vivientes, y de los ancianos; y su número era millones de millones, que decían a gran voz: El Cordero que fue inmolado es digno de tomar el poder, las riquezas, la sabiduría, la fortaleza, la honra, la gloria y la alabanza.* (Apocalipsis 5:11–12)

Y todos los ángeles estaban en pie alrededor del trono, y de los ancianos y de los cuatro seres vivientes; y se postraron sobre sus rostros delante del trono, y adoraron a Dios, diciendo: Amén. La bendición y la gloria y la sabiduría y la acción de gracias y la honra y el poder y la fortaleza, sean a nuestro Dios por los siglos de los siglos. Amén. (Apocalipsis 7:11–12)

Cuando recibí una revelación del cielo, la presencia de Dios era maravillosa. No importaba cuál actividad tomaba lugar entre los ángeles, ellos cantaban al Señor y le alababan. Parecía que todos los millones de ángeles continuamente le adoraban. En algunos intervalos, también habían momentos de silencio, momentos de meditación.

La atmósfera que rodeaba el trono de Dios siempre estaba llena de gloria, honor y alabanzas. El escritor de Hebreos dijo, *"ustedes se han acercado al monte de Sión, a la Jerusalén celestial, la ciudad del Dios viviente. Se han acercado a millares y millares de ángeles, a una asamblea gozosa"* (Hebreos 12:22, NVI). Los cuatro seres vivientes en el trono de Dios (quizás serafines o querubines) *"no cesaban día y noche"* porque exclaman, *"santo, santo, santo es el Señor Dios*

Todopoderoso, el que era, el que es, y el que ha de venir" (Apocalipsis 4:8).

Hay interminables razones para que los ángeles alaben y adoren a Dios. Por ejemplo, cuando Dios creó el mundo, los ángeles debieron mirar con emoción y fascinación los actos de creatividad ingeniosa de Dios. Job 38 relata la ocasión importante cuando, *"cantaban a coro las estrellas matutinas y todos los ángeles gritaban de alegría"* (v. 7, NVI). Por medio de su adoración a Dios, los ángeles nos inspiran a apreciar la belleza y majestuosidad de Dios y la gloria de Su creación, así como todas Sus otras obras maravillosas.

Ministros del pueblo de Dios

Los ángeles no sólo adoran a Dios, sino que son siervos dispuestos. Ellos son los agentes activos de Dios quienes cumplen con Su voluntad de día y de noche al ministrarle a Él y a Su pueblo.

Nuevamente el primer capítulo de Hebreos nos dice: *"¿No son todos los ángeles espíritus dedicados al servicio divino, enviados para ayudar a los que han de heredar la salvación?"* (v. 14, NVI). Los ángeles son siervos del reino de Dios, ellos ministran, bajo la voluntad y Palabra de Dios, para todos nosotros que somos herederos de la salvación de Dios. Si usted es un hijo de Dios, los ángeles han obrado a favor suyo, aunque usted no se haya dado cuenta. Los ángeles algunas veces aparecerán a los creyentes durante momentos de necesidad especial. Su presencia protectora nos muestra cuánto Dios se preocupa por nosotros. A continuación presento varias formas en que los ángeles ministran a los creyentes.

Llevando mensajes de Dios

Primero, los ángeles son heraldos que llevan mensajes especiales a Su pueblo. Veamos algunos de los ejemplos bíblicos sobre esto. En Génesis 18:9–14, el ángel de la presencia de Dios le anunció a Abraham que su esposa, Sara, una anciana estéril, concebiría y daría a luz un hijo. El ángel del Señor también le reafirmó a Abraham que por medio de su linaje todas las naciones de la tierra serían bendecidas (Véase Génesis 22:11–18).

Un ángel del Señor se le apareció a Gedeón y le dijo que él salvaría a Israel de las manos de los madianitas (Véase Jueces 6:11–14).

Como ya hemos visto, el ángel Gabriel le anunció a Zacarías que su esposa Elisabet, siendo anciana, daría a luz a Juan el Bautista (Lucas 1:11–17). Gabriel también le anunció a María que ella concebiría un hijo por el poder del Espíritu Santo, este hijo llegaría a ser el Mesías (Véase versículos 28–35). Un ángel se le apareció en sueño a José, el prometido de María, reafirmándole que el bebé fue concebido por el Espíritu Santo e instándole a seguir adelante con los planes para tomar a María por esposa (Véase Mateo 1:20–21).

La noche en que nació nuestro Salvador, sólo un ángel se le apareció a los pastores de los campos cercanos, cubriéndoles en una luz gloriosa y diciéndoles, *"he aquí os doy nuevas de gran gozo"* (Lucas 2:10). Luego, el ángel anunció el nacimiento de Jesús:

> *Y repentinamente apareció con el ángel una multitud de las huestes celestiales, que alababan a Dios, y decían: ¡Gloria a Dios en las alturas, y en la tierra paz, buena voluntad para con los hombres!*
>
> (vv. 13–14)

Un ángel se le apareció a Cornelio en visión para instruirle que enviara por Pedro para que éste pudiera predicarle el Evangelio (Véase Hechos 10:1–6). Un ángel instruyó a Felipe que fuera a Gaza con el propósito de reunirse con el eunuco etíope y para explicarle a éste el mensaje de salvación por medio de Cristo (Véase Hechos 8:26–39).

Podemos ver con estos ejemplos que los ángeles llevan importantes noticias al pueblo de Dios acerca de la obra de Dios en sus vidas y de Su plan de salvación para el mundo.

Llevando la Palabra de Dios

En una función similar, los ángeles llevan la Palabra de Dios a las personas y también les ayudan a entenderla. Por ejemplo, los ángeles tuvieron parte cuando Dios entregó los Diez Mandamientos y la Ley sagrada en el Monte Sinaí:

Vino el Señor desde el Sinaí: vino sobre su pueblo, como aurora, desde Seír; resplandeció desde el monte Parán, y llegó desde Meribá Cades con rayos de luz en su diestra. Tú eres quien ama a su pueblo; todos los santos están en tu mano. Por eso siguen tus pasos y de ti reciben instrucción. Es la ley que nos dio Moisés...

(Deuteronomio 33:2–4, NVI)

Dirigiéndose a la corte de Sanedrín, en Hechos 7, Esteban dijo que Israel había recibido *"la ley por disposición de ángeles"* (v. 53). La *Nueva Versión Internacional* lee, *"ustedes, que recibieron la ley promulgada por medio de ángeles"* (v. 53). Pablo apoyó está verdad al escribir:

Entonces, ¿para qué sirve la ley? Fue añadida a causa de las transgresiones, hasta que viniese la simiente a quien fue hecha la promesa; y fue ordenada por medio de ángeles en mano de un mediador. (Gálatas 3:19)

Los ángeles siempre son fieles a las Escrituras en palabra y en hechos. El ángel en Daniel 10 defendió la Palabra de Dios. El le dijo a Daniel, *"pero yo te declararé lo que está escrito en el libro de la verdad"* (v. 21). Pablo nos dijo: *"Mas si aun nosotros, o un ángel del cielo, os anunciare otro evangelio diferente del que os hemos anunciado, sea anatema"* (Gálatas 1:8). El sabía que si un "ángel" comienza a decirle cosas contrarias a la Palabra de Dios, ese no es un santo ángel de Dios, sino un espíritu demoníaco que se disfraza como ángel de Dios. Recuerde que Satanás tergiversó las Escrituras ante Jesús durante la tentación, y, todavía él intenta ser un *"ángel de luz"* (2da Corintios 11:14) para poder engañar a las personas.

Cuando Dios me ha mostrado Sus ángeles en acción, Él siempre me ha llevado a las Escrituras para confirmar lo que he acabado de ver. Un ángel de Dios nunca le dará instrucción o le dirigirá de manera que le desvíe de lo que Dios ya ha dicho en Su Palabra. Hablaré más sobre la función de los ángeles y la Palabra de Dios en el capítulo siete.

Llevando la dirección de Dios

Los ángeles de Dios también dirigen los pasos del pueblo de Dios y libran el paso delante de ellos a medida que ellos cumplen la voluntad de Dios. Por ejemplo, en Génesis 24, Abraham le dijo a su siervo que un ángel le guiaría hasta la jovencita que sería la esposa perfecta para Isaac. *"Jehová, Dios de los cielos...enviará su ángel delante de ti, y tú traerás de allá mujer para mi hijo"* (v. 7).

En Génesis 31, un ángel le dijo a Jacob que había llegado el momento para que él regresara a su parentela después de muchos años de huir de Dios y de su hermano Esaú. Jacob relató que le *"dijo el ángel de Dios en sueños: Jacob. Y yo dije: Heme aquí. Y él dijo:...Levántate ahora y sal de esta tierra, y vuélvete a la tierra de tu nacimiento"* (vv. 11–13).

El ángel que habló con Felipe le guió a la persona indicada en el momento preciso que esa persona necesitaba ser ministrada:

Un ángel del Señor habló a Felipe, diciendo: Levántate y ve hacia el sur, por el camino que desciende de Jerusalén a Gaza, el cual es desierto. Entonces él se levantó y fue. Y sucedió que un etíope, eunuco, funcionario de Candace reina de los etíopes, el cual estaba sobre todos sus tesoros, y había venido a Jerusalén para adorar, volvía sentado en su carro, y leyendo al profeta Isaías. Y el Espíritu dijo a Felipe: Acércate y júntate a ese carro. Acudiendo Felipe, le oyó que leía al profeta Isaías, y dijo: Pero ¿entiendes lo que lees? El dijo: ¿Y cómo podré, si alguno no me enseñare? Y rogó a Felipe que subiese y se sentara con él.
(Hechos 8:26–31)

Un ángel le dio instrucciones específicas a Felipe sobre qué hacer y dónde ir, pero el Espíritu Santo estaba con él y continuaba guiándole en su misión. Es a Dios al que siempre debemos ir buscando dirección. Una vez más, debemos orar a Dios, no a los ángeles, aunque Él a veces usa a Sus ángeles para guiarnos.

Durante los servicios, a veces he visto, en el mundo espiritual, que los ángeles colocan cruces en los hombros de ciertas personas. Dios me mostró que esto significaba que Él llamaría a esas personas para realizar tareas específicas, que esas personas habían sido escogidas por el Señor. Algunas veces el Señor me permite llamar a esas personas para informarles que Dios las ha llamado con un propósito específico. A menudo ellas contestan, "sí, ya lo sé, pero no lo he hecho todavía". Y yo les contestó, "busquen al Señor. Ciertamente Él dirigirá sus pasos. Él no se olvidará de ustedes".

A medida que confiamos en Dios, Él guía nuestros pasos y lo hace a veces por medio de Sus ángeles. Las Escrituras dicen: *"Fíate de Jehová de todo tu corazón, y no te apoyes en tu propia prudencia. Reconócelo en todos tus caminos, y él enderezará tus veredas"* (Proverbios 3:5–6).

Consolando y alentando al pueblo de Dios

Los ángeles de Dios también consuelan y alientan a las personas durante los momentos difíciles de sus vidas. Por ejemplo, en Génesis 16, el Ángel del Señor, gentilmente consoló a Agar cuando ella huyó del mal trato de Sara (Saraí):

> *Y la halló el ángel de Jehová junto a una fuente de agua en el desierto, junto a la fuente que está en el camino de Shur. Y le dijo: Agar, sierva de Sarai, ¿de dónde vienes tú, y a dónde vas? Y ella respondió: Huyo de delante de Sarai mi señora. Y le dijo el ángel de Jehová: Vuélvete a tu señora, y ponte sumisa bajo su mano. Le dijo también el ángel de Jehová: Multiplicaré tanto tu descendencia, que no*

podrá ser contada a causa de la multitud. Además le dijo el ángel de Jehová: He aquí que has concebido, y darás a luz un hijo, y llamarás su nombre Ismael, porque Jehová ha oído tu aflicción. (vv. 7–11)

En Génesis 21, *"el ángel de Jehová"* (v. 17) consoló a Agar cuando ella e Ismael fueron expulsados por Abraham y Sara, Agar pensó que moriría en el desierto (Véase versículos 9–21).

En Génesis 28, Jacob tuvo un sueño en el cual los ángeles subían y bajaban de una escalera que iba desde el cielo hasta la tierra. En este sueño, Dios usó ángeles para asegurarle a Jacob que él estaba en la presencia de Dios, que él estaba en las mismas puertas del cielo (Véase versículos 11–15).

A bordo de un barco durante una violenta tormenta marítima, Pablo recibió aliento de un ángel quien le informaba que Dios salvaría su vida y las vidas de todos los que estaban en el barco, que Dios estaría con él mientras se enfrentaba al juicio frente a César en Roma. Pablo dijo:

Porque esta noche ha estado conmigo el ángel del Dios de quien soy y a quien sirvo, diciendo: Pablo, no temas; es necesario que comparezcas ante César; y he aquí, Dios te ha concedido todos los que navegan contigo. (Hechos 27:23–24)

Segunda de Corintios 7:6 dice que, *"Dios... consuela a los humildes"*, y a veces Él usa ángeles para llevar ese consuelo a Su pueblo. En cierta ocasión, yo enfrentaba varias crisis. Yo oraba como una intercesora y fielmente predicaba el Evangelio con gran unción, leía la Palabra sobre el ministerio especial de los ángeles al pueblo de Dios.

Me hospedaba en un hotel, me fui a la cama esa noche y escuché lo que parecía ángeles cantando alabanzas a Dios. Recostada ahí, me uní en la adoración con ellos. Mientras adorábamos y alabábamos al Señor, el Espíritu Santo comenzó a consolarme. Verdaderamente Él es un fiel Consolador. Hay un versículo que dice, *"Jehová está en medio de ti, poderoso, él salvará; se gozará sobre ti con alegría, callará de amor, se regocijará sobre ti con cánticos"* (Sofonías 3:17).

¡Súbitamente, me di cuenta que la habitación estaba llena de ángeles! Dios es Consolador y los ángeles están siempre en acción alrededor nuestro cumpliendo con Su voluntad en todo momento. Si abrimos nuestros ojos espirituales, veremos que Dios nos bendice de esta manera.

Sosteniendo al pueblo de Dios

A veces Dios envía Sus ángeles para fortalecer y sostener a Su pueblo. Con frecuencia, esto sirve para alentarles también. En Génesis 21, el ángel de Dios que se le apareció a Agar en el desierto le mostró dónde encontrar agua para ella y su hijo agonizante (Véase versículo 19).

Cuando el profeta Elías estaba atemorizado y huía por su vida de Jezabel, Dios usó un ángel para que le sostuviera físicamente:

Entonces envió Jezabel a Elías un mensajero, diciendo: Así me hagan los dioses, y aun me añadan, si mañana a estas horas yo no he puesto tu persona como la de uno de ellos. Viendo, pues, el peligro, se levantó y se fue para salvar su vida, y vino a Beerseba, que está en Judá, y dejó allí a su criado. Y él se fue por el desierto un día de camino, y vino y se sentó debajo de un enebro; y deseando morirse, dijo: Basta ya, oh Jehová, quítame la vida, pues no soy yo mejor que mis padres. Y echándose debajo del enebro, se quedó dormido; y he aquí luego un ángel le tocó, y le dijo: Levántate, come. Entonces él miró, y he aquí a su cabecera una torta cocida sobre las ascuas, y una vasija de agua; y comió y bebió, y volvió a dormirse. Y volviendo el ángel de Jehová la segunda vez, lo tocó, diciendo: Levántate y come, porque largo camino te resta. Se levantó, pues, y comió y bebió; y fortalecido con aquella comida caminó cuarenta días y cuarenta noches hasta Horeb, el monte de Dios. (1ra Reyes 19:2–8)

En Horeb, Elías encontró a Dios en el *"silbo apacible"* (v. 12). El Señor lo alentaba y le instruía lo que debía hacer (Véase versículos 9–18).

En el Nuevo Testamento, vemos que Dios envió ángeles para fortalecer y sostener a Su Hijo Jesús mientras Él estaba en la tierra. Por ejemplo, al inicio del ministerio de nuestro Señor, después de haber vencido la tentación del diablo en el desierto, *"el diablo entonces le dejó; y he aquí vinieron ángeles y le servían"* (Mateo 4:11). Quizás ellos también le guardaban de la presencia de las bestias del desierto (Marcos 1:13). Cerca del final del ministerio de Jesús, después de haber orado fervientemente al Padre en el Huerto de Getsemaní para que la voluntad de Dios fuera hecha, *"se le apareció un ángel del cielo para fortalecerle"* (Lucas 22:43).

¡Así como lo hizo con Jesús, también lo hace con nosotros! Recuerde que Dios envió maná o *"comida de ángeles"* para sustentar a los israelitas durante su jornada en el desierto: *"Pan de nobles comió el hombre; les envió comida hasta saciarles"* (Salmos 78:5). Ya sea que la necesidad sea nutrición espiritual o física, o ambas, Dios es siempre fiel con Sus hijos y los sustenta en momentos de necesidad.

Protegiendo y librando al pueblo de Dios

Los ángeles de Dios protegen y libertan a aquéllos que le pertenecen a Él. Como ya hemos visto, la Biblia nos asegura que los ángeles guardan a los rectos: *"Pues a sus ángeles mandará acerca de ti, que te guarden en todos tus caminos. En las manos te llevarán"* (Salmos 91:11–12). *"El ángel de Jehová acampa alrededor de los que le temen, y los defiende"* (Salmos 34:7).

Veamos primero ciertos ejemplos bíblicos de la protección de Dios. Lot, quien también es llamado hombre *"justo"* en 2da Pedro 2:8, y su familia fueron protegidos por ángeles y los guardaron de perecer con los pueblos de Sodoma y Gomorra:

Llegaron, pues, los dos ángeles a Sodoma a la caída de la tarde; y Lot estaba sentado a la puerta de Sodoma. Y viéndolos Lot...dijo: Ahora, mis señores, os ruego que vengáis a casa de vuestro siervo y os hospedéis, y lavaréis vuestros pies; y por la mañana os levantaréis, y seguiréis vuestro camino. Y ellos respondieron: No, que en la calle nos quedaremos esta noche...Y dijeron los varones a Lot: ¿Tienes aquí alguno más? Yernos, y tus hijos y tus hijas, y todo lo que tienes en la ciudad, sácalo de este lugar; porque vamos a destruir este lugar, por cuanto el clamor contra ellos ha subido de punto delante de Jehová; por tanto, Jehová nos ha enviado para destruirlo...Mas pareció a sus yernos como que se burlaba. Y al rayar el alba, los ángeles daban prisa a Lot, diciendo: Levántate, toma tu mujer, y tus dos hijas que se hallan aquí, para que no perezcas en el castigo de la ciudad. Y deteniéndose él, los varones asieron de su mano, y de la mano de su mujer y de las manos de sus dos hijas, según la misericordia de Jehová para con él; y lo sacaron y lo pusieron fuera de la ciudad. Y cuando los hubieron llevado fuera, dijeron: Escapa por tu vida; no mires tras ti, ni pares en toda esta llanura; escapa al monte, no sea que perezcas...Así, cuando destruyó Dios las ciudades de la llanura, Dios se acordó de Abraham, y envió fuera a Lot de en medio de la destrucción, al asolar las ciudades donde Lot estaba.

(Génesis 19:1–2, 12–17, 29)

En Éxodo 14:19–20, leemos que el Ángel de Dios protegió a Su pueblo del ejército egipcio:

Y el ángel de Dios que iba delante del campamento de Israel, se apartó e iba en pos de ellos; y asimismo la columna de nube que iba delante de ellos se apartó y se puso a sus espaldas, e iba entre el campamento de los egipcios y el campamento de Israel; y era nube y tinieblas para aquéllos, y alumbraba a Israel de noche, y en toda aquella noche nunca se acercaron los unos a los otros.

Daniel fue protegido por un ángel después de haber sido falsamente acusado y echado al foso de leones feroces no teniendo como escapar. Cuando el rey Darío llegó a descubrir el destino de Daniel, Daniel le testificó: *"Mi Dios envió su ángel, el cual cerró la boca de los leones, para que no me hiciesen daño, porque ante él fui hallado inocente; y aun delante de ti, oh rey, yo no he hecho nada malo"* (Daniel 6:22).

Jesús indicó que a algunos ángeles se les asignaba el cuidado sobre los niños. Él dijo:

"Mirad que no menospreciéis a uno de estos pequeños; porque os digo que sus ángeles en los cielos ven siempre el rostro de mi Padre que está en los cielos" (Mateo 18:10).

Segundo, la Biblia nos enseña que los ángeles no sólo protegen, sino que también proveen liberación al pueblo de Dios. En Mateo 26:53, Jesús dijo que Él pudo haberle pedido al Padre que enviara doce legiones de ángeles para librarle de los romanos cuando llegaron a arrestarle para crucificarle. Sin embargo, Él permitió que ellos le crucificaran para así poder proveer la expiación de pecados al mundo entero, por sus pecados y los míos (Véase versículo 54).

En Hechos 5, cuando algunos de los apóstoles estaban en la cárcel, un ángel abrió las puertas de la prisión sin que los guardas se dieran cuenta y libertó a los apóstoles para que ellos continuaran predicando el Evangelio al pueblo:

Entonces levantándose el sumo sacerdote y todos los que estaban con él, esto es, la secta de los saduceos, se llenaron de ceos; y echaron mano a los apóstoles y los pusieron en la cárcel pública. Mas un ángel del Señor, abriendo de noche las puertas de la cárcel y sacándolos, dijo: Id, y puestos en pie en el templo, anunciad al pueblo todas las palabras de esta vida... Pero cuando llegaron los alguaciles, no los hallaron en la cárcel; entonces volvieron y dieron aviso, diciendo: Por cierto, la cárcel hemos hallado cerrada con toda seguridad, y los guardas afuera de pie ante las puertas; mas cuando abrimos, a nadie hallamos dentro.

(Hechos 5:17–20, 22–23)

En Hechos 12, ¡un ángel intervino en el aprisionamiento de Pedro y le llevó a otro escape clandestino para que los guardas que estaban encadenados a Pedro no de despertaran!

Y cuando Herodes le iba a sacar, aquella misma noche estaba Pedro durmiendo entre dos soldados, sujeto con dos cadenas, y los guardas delante de la puerta custodiaban la cárcel. Y he aquí que se presentó un ángel del Señor, y una luz resplandeció en la cárcel; y tocando a Pedro en el costado, le despertó, diciendo: Levántate pronto. Y las cadenas se le cayeron de las manos. Le dijo el ángel: Cíñete, y átate las sandalias. Y lo hizo así. Y le dijo: Envuélvete en tu manto, y sígueme. Y saliendo, le seguía; pero no sabía que era verdad lo que hacía el ángel, sino que pensaba que veía una visión. Habiendo pasado la primera y la segunda guardia, llegaron a la puerta de hierro que daba a la ciudad, la cual se les abrió por sí misma; y salidos, pasaron una calle, y luego el ángel se apartó de él. Entonces Pedro, volviendo en sí, dijo: Ahora entiendo verdaderamente que el Señor ha enviado su ángel, y me ha librado

de la mano de Herodes, y de todo lo que el
pueblo de los judíos esperaba.

(Hechos 12:6–11)

Por medio de las visiones y revelaciones que Dios me ha dado, he llegado a comprender la sutil diferencia en las funciones de los que yo llamo "ángeles defensores" y "ángeles guerreros". Los ángeles defensores nos protegen de cualquier daño, peligro y todo tipo de artimaña de Satanás. Ellos sirven como ángeles de la guarda. Ellos nos protegen aun cuando nosotros no sabemos que ellos están ahí. Los ángeles guerreros emprenden batallas contra fortalezas, principados, demonios, fuerzas de las tinieblas y cualquier cosa que se oponga a la obra de Dios. En breve, veremos la función de los ángeles guerreros con más detalles.

Promoviendo el Evangelio

Los ángeles de Dios también son activos en promover el Evangelio. Ellos se interesan en la salvación del perdido. En Lucas 15, después de que Jesús contó la parábola de la oveja perdida, Él dijo: "O*s digo que así habrá más gozo en el cielo por un pecador que se arrepiente, que por noventa y nueve justos que no necesitan de arrepentimiento*" (v. 7). Jesús repitió esta idea después de contar la parábola de la moneda perdida: "*Así os digo que hay gozo delante de los ángeles de Dios por un pecador que se arrepiente*" (v. 10).

118

Durante la Gran Tribulación que vendrá a la tierra, un ángel poderoso proclamará el bendito Evangelio a las naciones del mundo. Juan escribió:

Vi volar por en medio del cielo a otro ángel, que tenía el evangelio eterno para predicarlo a los moradores de la tierra, a toda nación, tribu, lengua y pueblo, diciendo a gran voz: Temed a Dios, y dadle gloria, porque la hora de su juicio ha llegado; y adorad a aquel que hizo el cielo y la tierra, el mar y las fuentes de las aguas. (Apocalipsis 14:6–7)

Anteriormente vimos que un ángel de Dios se le apareció a Cornelio y le instruyó dónde encontrar a Pedro, quien le diría la verdad acerca de la salvación por medio de Jesús (Véase Hechos 10). En su conversación con Cornelio, Pedro hace referencia a las Escrituras al decir: *"De* [Cristo] *dan testimonio todos los profetas, que todos los que en él creyeren, recibirán perdón de pecados por su nombre"* (v. 43).

Este es un mensaje importante de las Escrituras, el cual enfatiza para nosotros una verdad sobre los ángeles. Sabemos, por la Biblia, que un verdadero ángel siempre promoverá el mensaje que se encuentra en la santa Palabra de Dios. No puedo dejar de enfatizar este punto porque, una vez más, Satanás tratará de engañarlo y alejarlo de la verdad de la salvación por medio de Cristo. Cornelio recibió una verdadera visita angelical, y él y toda su casa fueron guiados a la salvación en Jesús.

Agradezcamos a Dios por la salvación que Él ha proveído para nosotros por medio de nuestro Señor Jesucristo. Agradezcamos también por el ministerio de Sus ángeles que nos ayudan a llevar el mensaje del Evangelio al perdido.

Llevando al pueblo de Dios al cielo

Otra función de los ángeles es que ellos son "porta féretros" espirituales en la muerte de los santos de Dios. Los creyentes no tienen que hacer solos la transición de esta vida a la otra. Aun en nuestra muerte, los ángeles nos ministran porque así es la voluntad de Dios. Cuando nuestro peregrinaje en esta tierra termine, los ángeles llevarán nuestros espíritus hacia la gloria, tal como lo hicieron con Lázaro. Jesús dijo:

Había un hombre rico, que se vestía de púrpura y de lino fino, y hacía cada día banquete con esplendidez. Había también un mendigo llamado Lázaro, que estaba echado a la puerta de aquél, lleno de llagas, y ansiaba saciarse de las migajas que caían de la mesa del rico; y aun los perros venían y le lamían las llagas. Aconteció que murió el mendigo, y fue llevado por los ángeles al seno de Abraham; y murió también el rico, y fue sepultado.

(Lucas 16:19–22)

En una visión del cielo que Dios me dio, vi lo que pasa con los creyentes cuando llegan a las puertas del cielo. Si es creyente, cuando usted muera su alma dejará su cuerpo y los ángeles le llevarán al cielo. Se abrirá un libro y los ángeles le darán la bienvenida. Luego usted será vestido y preparado con la ayuda de los ángeles para venir delante de Dios.

Cuando usted sea presentado delante de Él, usted será como una persona joven y perfecta aunque usted tenga cien años de edad el día de su muerte. ¿Quién no querrá servir al Dios que puede hacer esto? Él le dará nuevamente su juventud y le dará vida eterna para que usted nunca muera.

También vi cuando los bebés y los niñitos mueren, sus almas son llevadas al cielo. ¡Una vez allá, ellos crecen, maduran y llegan a ser perfectos! Dios me mostró que cuando los bebés mueren por aborto, Él sopla vida eterna en esos pequeñitos para sean completos en Él. Vi ángeles transportando al cielo las almas de los bebés abortados, y, vi a Dios perfeccionándolos en el altar del cielo. ¡Qué maravilloso es nuestro Dios!

Manteniéndose continuamente activos

Los ángeles de Dios continuamente cumplen con la voluntad de Dios, incluyendo la ministración a favor de Su pueblo. En las revelaciones que Dios me ha dado, los ángeles estaban siempre ocupados, pero no parecían cansarse o sudar. Mientras ministran, ellos muestran mucho interés en lo que los humanos hacen para Dios y Su causa. Comprometámonos a amar y servir al Señor con el mismo celo y devoción que los ángeles tienen. Valoremos la ayuda que Dios nos envía por medio de Sus ángeles capacitándonos para servirle a Él a medida que Él cumple Sus propósitos para este mundo.

Defensores de la gloria y el honor de Dios

Hemos visto que los seres celestiales adoran a Dios y ayudan a Su pueblo. Una tercera función principal de los ángeles es ayudar a pelear las batallas de Dios y ejecutar Sus juicios en el mundo. Creo que los ángeles envueltos en estas actividades son los "ángeles guerreros" que mencioné anteriormente en este capítulo. Los ángeles pueden ser fieros guerreros que se oponen a los demonios y luchan individualmente con ellos, llevan el juicio divino a las personas que desafían al Señor, y, luchan las batallas físicas por el pueblo de Dios. Hay muchos ejemplos bíblicos de los ángeles luchando a favor de Dios. Por ejemplo, acabamos de leer qué tan activos fueron los ángeles en el juicio y la destrucción de las ciudades de Sodoma y Gomorra (Véase Génesis 19).

Los ángeles también tuvieron participación en la protección y defensa de los israelitas cuando salieron de Egipto. El salmista escribió del éxodo que, "[Dios] *envió sobre* [los egipcios] *el ardor de su ira; enojo, indignación y angustia, un ejército de ángeles destructores*" (Salmos 78:49). En

Éxodo 33, Dios dijo que Su ángel derrotaría a los enemigos de Israel cuando ellos conquistaran la Tierra Prometida:

> *Jehová dijo a Moisés...yo enviaré delante de ti el ángel, y echaré fuera al cananeo y al amorreo, al heteo, al ferezeo, al heveo y al jebuseo.* (vv. 1–2)

Josué encontró la ayuda del comandante del ejército celestial de Dios cuando los israelitas iban a luchar contra Jericó:

> *Estando Josué cerca de Jericó, alzó sus ojos y vio un varón que estaba delante de él, el cual tenía una espada desenvainada en su mano. Y Josué, yendo hacia él, le dijo: ¿Eres de los nuestros, o de nuestros enemigos? El respondió: No; mas como Príncipe del ejército de Jehová he venido ahora.* (Josué 5:13–14)

Un solo ángel mató a 185,000 soldados del poderoso Imperio Asirio en una sola noche cuando ayudaba a defender al pueblo de Dios en Jerusalén (Véase 2da Reyes 19:8–35). El arcángel Miguel y otros ángeles pelearon contra el diablo y sus espíritus demoníacos (Véase Daniel 10:12–13, 20–21; Judas 9).

A veces los ángeles se involucraban en los castigos del pueblo de Dios cuando éstos le desobedecían a Él. En 2da Samuel 24, Dios envió un ángel a ejecutar una plaga en Israel porque

David había pecado al confiar en la cantidad de sus hombres guerreros y no en el Señor. Por lo menos setenta mil personas murieron antes de que el Señor ordenara al ángel: *"Basta ahora; detén tu mano"* (v. 16). David realmente vio a este ángel destructor. Primera de Crónicas 21 nos dice cuán terrible espectáculo fue ese:

> *Y alzando David sus ojos, vio al ángel de Jehová, que estaba entre el cielo y la tierra, con una espada desnuda en su mano, extendida contra Jerusalén. Entonces David y los ancianos se postraron sobre sus rostros, cubiertos de cilicio.* (v. 16)

La plaga paró cuando David reconoció la responsabilidad de su pecado, edificó un altar al Señor y sacrificó ofrendas a Dios, como Dios lo había ordenado (Véase 2da Samuel 24:17–25).

Los santos ángeles de Dios son celosos por Su gloria, y ellos obran en Su nombre para derrotar la desobediencia y la maldad del mundo. Esto es un preludio a la función de ayudar a derrotar al diablo al final de los tiempos.

Partícipes en los eventos de los últimos tiempos

Cuarto, al final de los tiempos, los ángeles ayudarán en llevar al mundo a la culminación cuando la vieja tierra y el viejo cielo no existan más y el nuevo cielo y la nueva tierra vengan a existir.

Los ángeles, primero que todo, acompañarán a Jesús en Su retorno a la tierra:

Porque el Señor mismo con voz de mando, con voz de arcángel, y con trompeta de Dios, descenderá del cielo.
                                    (1ra Tesalonicenses 4:16)

Porque el Hijo del Hombre vendrá en la gloria de su Padre con sus ángeles, y entonces pagará a cada uno conforme a sus obras.   (Mateo 16:27)

Seguidamente, los ángeles llevarán a los desobedientes ante Dios en el Día del Juicio. Jesús aclaró la parábola del sembrador (Mateo 13:24–30) con esta sencilla explicación:

Respondiendo él, les dijo: El que siembra la buena semilla es el Hijo del Hombre. El campo es el mundo; la buena semilla son los hijos del reino, y la cizaña son los hijos del malo. El enemigo que la sembró es el diablo; la siega es el fin del siglo; y los segadores son los ángeles. De manera que como se arranca la cizaña, y se quema en el fuego, así será en el fin de este siglo. Enviará el Hijo del Hombre a sus ángeles, y recogerán de su reino a todos los que sirven de tropiezo, y a los que hacen iniquidad, y los echarán en el horno de fuego; allí será el lloro y el crujir de dientes. Entonces los justos resplandecerán como el sol en el reino de su Padre. El que tiene oídos para oír, oiga. (Mateo 13:37–43)

Consecutivamente, los ángeles reunirán a todos los rectos para vida eterna:

Y enviará sus ángeles con gran voz de trompeta, y juntarán a sus escogidos, de los cuatro vientos, desde un extremo del cielo hasta el otro. (Mateo 24:31)

Entonces verán al Hijo del Hombre, que vendrá en las nubes con gran poder y gloria. Y entonces enviará sus ángeles, y juntará a sus escogidos de los cuatro vientos, desde el extremo de la tierra hasta el extremo del cielo (Marcos 13:26–27).

¡Cuán glorioso será el día cuando Jesús vuelva, y seamos reunidos con Sus ángeles para vivir con Él por la eternidad! Los ángeles están con nosotros mientras vivimos aquí en la tierra; estarán con nosotros cuando muramos; y, estarán con nosotros al final de los tiempos. ¡Bendito sea Dios, ciertamente Él envía Sus ángeles como *"espíritus dedicados al servicio...para ayudar a los que han de heredar la salvación"*! (Hebreos 1:14, NVI).

Las revelaciones de Dios

En las *Partes I y II*, hemos estudiado la naturaleza y función de los ángeles tal como la Palabra de Dios lo revela. En la *Parte III*, quiero compartir con usted algunas experiencias que he tenido al ver los ángeles de Dios en acción en mi propia vida. Los ángeles de Dios continúan ministrando a Su pueblo hoy en día. Una vez más, su actividad no ocurrió solamente en los tiempos bíblicos. También ocurre ahora mismo para usted y para mí porque amamos al Señor y cumplimos Su voluntad.

Parte III

Revelaciones de ángeles en la actualidad

Introducción a la Parte III

Hace muchos años cuando Dios me llamó al ministerio, Él comenzó a enseñarme la obra de los ángeles en Su pueblo. Yo estaba en mi auto lista para dirigirme hacia el hospital de veteranos a visitar a mi cuñado quien había sufrido un ataque al corazón y por el cual nuestra iglesia estaba orando. El "viento de Dios" sopló y las páginas de mi Biblia se abrieron en Isaías 6:8: *"¿A quién enviaré y quién irá por nosotros?"*

Yo sabía que era Dios quien me hablaba y empecé a llorar. En mi corazón entendí que Dios quería usarme (esto ocurrió mucho tiempo antes de ver las revelaciones del infierno y del cielo), yo le respondí, "Dios, yo iré; envíame a mí".

Una vez en el hospital de veteranos, oré por mi cuñado, también oré por muchos de los pacientes que se encontraban ahí. Dios obró un milagro creativo y le dio a mi cuñado una arteria nueva; él vivió veinte años más. Debido a ese milagro muchos de los presentes fueron salvos ese día. Ciertamente, el viento de Dios me había llevado hasta allí.

Un día, comencé a buscar a Dios con respecto a ese viento y le pregunté, "¿qué es este viento Padre?" "¿Podría verlo, por favor?" Dios abrió mis ojos y vi lo que parecía un vapor mezclado con gloria, un viento blancuzco y vivo, una luz viviente. Las palabras flotaban en el viento.

En el pasado, los nativos americanos se comunicaban usando señales de humo. El viento de Dios me hizo recordar esto, pues parecía como humo o rocío. Yo pude ver ángeles en el viento, ellos llevaban pergaminos que contenían los mensajes que Dios les había ordenado llevar. Fue majestuoso ver esto.

Fue entonces que empecé a ver la manifestación en los servicios de la iglesia. Sentía como si el viento soplara. En algunas ocasiones, algo como un rocío bajaba, entonces sabía que algo milagroso iba a ocurrir. Veía ángeles entrando en el santuario. Algunos llegaban con pergaminos, algunos con arcos y flechas y otros con espadas. Ellos se colocaban alrededor de la iglesia y en el púlpito. A medida que el ministro hablaba, los ángeles lo resguardaban. Entonces miraba cosas que ocurrían en el Espíritu. Era como si estuviera viendo un programa de televisión o una película.

¡Oh, cómo me gusta ver el viento de Dios en acción! Es tan emocionante ver que Dios obra de esa manera. Verdaderamente, Su viento se mueve sobre toda la tierra. Creo que hoy en día los ángeles de liberación de Dios están "invadiendo" nuestras ciudades, iglesias y hogares con Su poder.

En los próximos capítulos compartiré con usted algunas de las cosas que he visto en el mundo espiritual con respecto a los ángeles de Dios; también compartiré unas cuantas historias de otras personas que en los últimos años han visto a los ángeles ministrando. Creo que Dios me dio estas revelaciones para fortalecer y consolar a Su pueblo, para dejarle saber que Él está con ellos. Invariablemente, las personas sienten más ánimo cuando comparto estas experiencias con ellas. Sé que usted también será bendecido al leerlas. A través de Sus ángeles, Dios nos cuida y nos protege. Aunque vivimos en una era de incertidumbre y sublevación, Dios nos muestra que Su Palabra es verdad: *"Porque él dijo: no te desampararé, ni te dejaré; de manera que podemos decir confiadamente, el Señor es mi ayudador; no temeré lo que me pueda hacer el hombre"* (Hebreos 13:5–6).

También creo que, por medio de estas visiones y revelaciones, Dios revela verdades importantes para la iglesia, tales como la función de la Palabra de Dios en nuestras vidas; el fuego purificador, sanador y juzgador de Dios; la necesidad de la oración intercesora; y el poder de Dios para libertar a Su pueblo. Debemos entender estas verdades importantes a medida que nos acercamos a los eventos de los últimos tiempos y a la segunda venida de nuestro Señor y Salvador Jesucristo. ¡A Él sea toda la gloria y la alabanza!

6

Los ángeles y la protección

Los ángeles son nuestros guardas espirituales. Ninguno de nosotros podrá conocer a cabalidad este lado de la eternidad, los milagros que Dios ha obrado por medio de lo ángeles que Él mismo ha enviado para protegernos y cuidarnos. Esta es la promesa que Dios nos hace:

Porque has puesto a Jehová, que es mi esperanza, al Altísimo por tu habitación, no te sobrevendrá mal, ni plaga tocará tu morada. Pues a sus ángeles mandará acerca de ti, que te guarden en todos tus caminos. En las manos te llevarán, para que tu pie no tropiece en piedra. Sobre el león y el áspid pisarás; hollarás al cachorro de león y al dragón. Por cuanto en mí ha puesto su amor, yo también lo libraré le pondré en alto, por cuanto ha conocido mi nombre. Me invocará, y yo le responderé; con él estaré yo en la angustia; lo libraré y

135

le glorificaré. Lo saciaré de larga vida, le mostraré mi salvación. (Salmos 91:9–16)

¡Dios nos cuida con Su poder; estamos a salvo y seguros en las manos de nuestro poderoso Salvador! Los ángeles nos cubren, nos cuidan de la incalculable maldad. Los ángeles también protegen a nuestros hijos; los míos han sido protegidos muchas veces por el poder del Todopoderoso. ¡Qué cosas tan maravillosas hacen los ángeles para proteger al pueblo de Dios! Nos guardan de tantos enemigos los cuales ni imaginamos. A medida que el Salmo 91 nos alienta, asegurémonos de poner nuestro amor en Dios y de conocer Su nombre, porque Él honra a los que le honran.

Protección de los perjuicios

He visto a los ángeles de Dios proteger a mi familia de las heridas. En cierta ocasión, mi hijo viajaba, en una motocicleta, hacia su trabajo. Cerca de las dos de la tarde, ni siquiera estaba pensando en él pero empecé a orar en casa. De repente, el Espíritu me tocó para que intercediera de una manera especial, comencé a orar fervientemente en el Espíritu. No entendí todo por lo que oraba, solamente una parte.

Como a las cinco de la tarde, mi hijo, en su motocicleta, se estacionaba en el jardín y dijo, "Mamá, ¿has estado orando por mí?"

Yo le respondí, "he estado orando por alguien. Pero no sabía que era específicamente por ti; Dios me tocó para que intercediera".

"Bueno, mamá, solamente quería que supieras esto. Hace hora y media viajaba por la calle *Tropical Trail*, iba como a cincuenta o sesenta millas por hora. Al doblar la esquina, un camión largo cruzaba la calle frente a mí. Madre, te digo que Dios estaba conmigo. Mientras el camión cruzaba, me di cuenta que tenía que hacer algo o iba a chocar. Así es que moví mi bicicleta de costado y ¡pasé por debajo del camión! Luego caí en una terreno cerca ¡sin un rasguño!"

"¡Oh!", expresé.

"Lo único que se dañó fue el espejo de mi motocicleta, y, me golpeé la pierna un poco. ¡Pero estoy bien!" Continuaba contando mi hijo.

Comencé a llorar. Abracé a mi hijo y agradecí a Dios por haberle cuidado. Tengo hijos lindos, y he observado que, muchas veces, la seguridad de nuestros hijos depende de nosotros. Si oramos a Dios fervientemente, Él estará con nosotros. Necesitamos orar por nuestros hijos para que Dios se manifieste en ellos. Me regocijo en la protección que mi familia ha recibido porque Sus ángeles están en acción. Estoy agradecida porque los ángeles cubrieron a mi hijo ese día hace tantos años. ¡A Dios sea la gloria y alabanzas a Su santo y bendito nombre!

Protección de la persecución

Con frecuencia, los ángeles nos visitan de manera modesta y en obras inesperadas. A veces, ni nos damos cuenta que un visitante celestial está protegiéndonos. El Dr. Billy Graham en su libro *Angels* (Ángeles) relata una historia que inicialmente fue contada por su suegro, el Dr. L. Nelson Bell, un doctor misionero. La historia es acerca de un chino que trabajaba en una librería y de su encuentro con un ángel:

El incidente ocurrió en 1942, después que los japoneses ganaron control sobre ciertas áreas en China. Una mañana, cerca de las nueve, un camión japonés se detuvo frente a la biblioteca. En él iban cinco infantes de marina y la mitad del camión estaba lleno de libros. El asistente chino y cristiano, quien estaba solo en el momento, se dio cuenta que venían a confiscar los libros de la librería. Tímido por naturaleza, éste sintió que el incidente era más de lo que él podría soportar.

Saltando del camión, los infantes de marina se dirigieron a la puerta de la librería; pero antes de que pudieran entrar, un caballero chino nítidamente vestido entró a la tienda primero que ellos. Aunque el asistente conocía prácticamente a casi todos los clientes chinos que compraban ahí, este hombre era un perfecto extraño. Por alguna razón desconocida, parecía que los soldados no podían seguirle y se quedaron deambulando afuera, viendo por las ventanas pero no entraron. Por dos horas se quedaron ahí, hasta después de las once, pero nunca pusieron un pie en dentro de la librería. El extraño preguntó que querían los hombres, el asistente chino le explicó que los japoneses estaban confiscando los libros de muchas librerías de la ciudad, y, ahora le había llegado la hora a esta tienda. Los dos hombres oraron juntos, el extraño le animó y las dos horas transcurrieron. Al fin, los soldados regresaron a su camión y se fueron. El extraño también se fue, sin hacer una sola compra ni preguntar por algún artículo de la tienda.

Más tarde, ese mismo día, el dueño de la tienda, el señor Christopher Willis (cuyo nombre chino era Lee) regresó. El asistente de la tienda le preguntó, "señor Lee, ¿usted cree en los ángeles?" "Sí creo", contestó el señor Willis. "También yo, señor Lee". ¿Pudo el extraño haber sido uno de los ángeles protectores de Dios? El Dr. Bell también lo creyó así.

Protección en el ministerio

Muchas veces, Dios protege a Su pueblo mientras ministran el Evangelio. En un capítulo anterior, leímos cómo los apóstoles fueron liberados de la prisión para que pudieran continuar predicando la Palabra de Dios.

Yo sé que los ángeles me protegen cuando ministro. En cierta ocasión, un niñito se me acercó después del servicio y dijo, "Mary, vi a un ángel a la par suya, un ángel grande. Estaba detrás de usted, detrás del púlpito. Ese ángel era tan grande que era más alto que el techo".

Vi hacia el techo y probablemente medía treinta pies.

"Aunque era alto, yo pude ver su cabeza", continuó el niñito, "parecía que traspasaba el techo. Sus brazos estaban cruzados y su rostro tenía una mirada muy determinada. El ángel tenía una espada de fuego en su costado, y si el diablo o cualquier espíritu hubiera intentado venir contra usted, él habría sacado la espada y los habría *cremado*".

Cremar fue la palabra que este pequeño usó para describir lo que vio. Esto me recuerda el pasaje, *"Hollaréis a los malos, los cuales serán ceniza bajo las plantas de vuestros pies"* (Malaquías 4:3).

Protección de nuestros enemigos

A veces, Dios envía a Sus ángeles para protegernos cuando nos sentimos más vulnerables. Corrie ten Boom, héroe espiritual del Siglo XX, después de la Segunda Guerra Mundial viajó muchos años por todo el mundo contando sus sufrimientos y de cómo ella testificaba de Cristo en un campo de concentración nazi. Muchas veces Dios intervino en situaciones difíciles enviando ángeles en respuesta a sus oraciones. Una de esas ocasiones fue cuando ella fue llevada al campo de Ravensbruck para ser sentenciada, como ella lo describe en su libro *Tramp for the Lord* (Atrapada por el Señor):

Era la media noche cuando Betsie y yo llegamos a las barracas. Ahí, bajo las ásperas luces del techo, vimos un panorama desalentador. Cada mujer que llegaba al comienzo de la fila tenía que desnudarse por completo, tirar su ropa en el resto de ropas que eran resguardadas por los soldados, y, caminar desnuda hacia los baños frente al escrutinio de una docena de guardias. Al salir del baño ella llevaba puesto un vestido delgado que era el reglamento y un par de zapatos.

¡Nuestra Biblia! ¿Cómo podremos pasarla con tantos vigilantes?

"¡Oh, Betsie!" Empecé a decirle, pero me detuve al ver su rostro pálido. Cuando uno de los guardas pasaba cerca, le supliqué, en alemán, que nos mostrara los sanitarios. El movió su cabeza en dirección a los baños. "¡Usen los hoyos del drenaje!", nos gritó.

Tímidamente, Betsie y yo salimos de la fila y caminamos hacia el inmenso baño con sus líneas y líneas de espitas. Estaba vacío, esperando por el siguiente grupo de cincuenta mujeres desnudas y temblorosas.

Minutos más tarde tendríamos que regresar a ese lugar, despojadas de todo lo que poseíamos. Fue entonces cuando las vimos, apiñadas en una esquina, un grupo de viejas banquetas de madera llenas de cucarachas, pero eran para nosotras los muebles del mismo cielo.

En un instante, puse la bolsita sobre mi cabeza y junto con mi ropa interior de lana, la coloqué detrás de las banquetas... Por supuesto cuando me puso el delgado vestido de prisión, la Biblia se notaba. Pero eso era Su problema, no el mío. Al salir, los guardias registraban a todas las prisioneras, de frente, por detrás y por los lados. Yo oré, "oh, Señor, envía Tus ángeles para que nos rodeen". Pero luego recordé que los ángeles son espíritus y que podemos verlos de un lado a otro. Lo que necesitaba era un ángel que me cubriera para que los guardias no me vieran. "Señor", oré nuevamente, "haz que Tus ángeles no sean transparentes". ¡Cuán poca ortodoxa pueda ser nuestra oración cuando estamos en gran necesidad! Pero a Dios no le importó. Él lo hizo.

La mujer antes que yo fue registrada. La que iba después que yo, Betsie, fue registrada. A mí, ellos no me tocaron o vieron. Fue como si yo fui bloqueada de su vista.

Su sangre, cubierta protectora

Hay algo que debemos tomar en cuenta al pedir la protección de Dios: Nuestra salvación en Cristo incluye una cubierta protectora de Su preciosa Sangre. He aprendido que cuando oramos por las personas y Dios nos toca para cubrirles con Su sangre, debemos decir, "¡te cubro con la sangre de Jesús, el pacto de Dios!" Esto significa que Jesucristo es el Hijo de Dios enviado desde el cielo. Él conocía Su propósito y Su destino. Él fue enviado para dar Su vida en una cruel cruz, para que pudiéramos tener vida eterna. Él murió para que nuestros pecados fueran lavados. Dios me ha mostrado la importancia de la Cruz y la sangre del pacto junto con su cobertura.

Cuando oramos o pedimos cobertura con Su sangre estamos afirmando que creemos que Jesús proveyó una cubierta para nosotros y nuestras familias por medio de la Expiación. Los ángeles vienen inmediatamente, nos sellan y nos protegen. ¡Por medio de la sangre del pacto edificamos un muro de protección alrededor nuestro y de nuestras familias!

Otra cosa que me fue revelada es que cuando dedicamos a alguien o algo al Padre, Hijo y Espíritu Santo, cuando realmente lo creemos y ungimos a esa persona o ese algo con aceite, realmente decimos, "este es territorio de Dios". En el Espíritu, he visto ángeles que vuelan desde el cielo y erigen cruces cuando hacemos esto. Cuando los enemigos espirituales tratan de herirnos, tienen que retroceder cuando se enfrentan a las cruces porque ese territorio ha sido dedicado a Dios.

Viendo con los ojos de la fe

¡Regocíjense santos! Dios envía a Sus ángeles a protegerles cuando el diablo intenta perjudicarles. *"El cual nos ha librado de la potestad de las tinieblas, y trasladado al reino de su amado hijo"* (Colosenses 1:13). Abran los ojos de la fe y verán los guardaespaldas espirituales que Dios ha colocado alrededor de ustedes. ¡Crean en Dios y clamen Su nombre!

7

Los ángeles y la Palabra de Dios

uando un creyente es fiel a la Palabra y a testificar del Señor, Dios envía Sus ángeles en respuesta a la oración, para ayudar y rescatar a ese creyente. Recuerde que Salmos 91:14 dice, *"por cuanto en mí ha puesto su amor, yo también lo libraré; le pondré en alto, por cuanto ha conocido mi nombre"*.

Las siguientes visiones y revelaciones ilustran cómo los ángeles afirman la Palabra de Dios y cómo Dios nos ayuda cuando creemos y obedecemos Sus mandatos. En un capítulo anterior, vimos cómo los ángeles participaron en la entrega de los Diez Mandamientos y la sagrada Ley en el Monte Sinaí. La Biblia relata que Israel recibió *"la ley por disposición de ángeles"* (Hechos 7:53) y que *"la ley...fue ordenada por medio de ángeles"* (Gálatas 3:19). En las Escrituras, los ángeles juegan una función especial al honrar la Palabra de Dios y hacerla llegar a Su pueblo. Los ángeles también están envueltos en ayudarnos a comprender las Escrituras.

La Palabra de Dios es verdadera

En cierta ocasión, tuve una visión sobre una distante mesa larga y blanca. La mesa tenía una dimensión de unos seis por doce pies y estaba suspendida en el aire. Pude ver personas de pie alrededor de la mesa, contemplándola. La mesa en sí era más alta que las personas, al punto que algunas personas estaban de puntillas para poder contemplarla. Otras personas estaban sentadas en sillas bien altas, también contemplaban la mesa; pero todas parecían hacerse preguntas mutuamente.

Mientras me acercaba pude ver ángeles detrás de ellos. Acercándome un poco más, súbitamente pude ver la visión claramente. Pude ver que esa mesa grande era una Biblia abierta. La inmensa Biblia representaba la Palabra del Dios vivo. El Señor me explicó que las diferentes personas contemplándola tenían diferentes puntos de vista sobre lo que significaba la Biblia. Una persona decía una cosa y otra persona decía otra cosa.

Todas estas personas tenían curiosidad por la Biblia, y yo estaba contenta de ver eso. Surgían muchas preguntas entre ellas acerca de ciertas cosas en la Palabra, todas buscaban por respuestas. Los ángeles detrás de ellas parecían guiarles en su búsqueda por la verdad. Pero la visión representaba

146

el hecho de que lo que Dios dice eso se cumple. No podemos cambiar o alterar Su Palabra.

Púlpitos de fuego

A menudo, durante un servicio en la iglesia, veo ángeles escribiendo en grandes libros. Algunas veces los ángeles están detrás de los individuos y otras veces no. Algunas veces, ellos están a la par del ministro que está profetizando, los ángeles anotan todo lo que ese ministro dice. En ocasiones, veo imágenes de una Biblia sobrepuesta en el pecho de algún ministro. Creo que esto significa que la Palabra de Dios, la Biblia abierta, está en su corazón.

En los lugares que he predicado en los últimos años, he visto, en el reino espiritual, púlpitos que tienen el fuego de Dios en ellos, y, púlpitos que lucen sucios e inmundos. He observado que detrás de los púlpitos que estaba llenos de fuego habían hombres y mujeres que daban reverencia y honra a Dios y que querían hacer "*todo decentemente y con orden*" (1ra Corintios 14:40). Estos hombres y mujeres tenían un celo santo y se cuidaban de no hacer algo en contra de Dios. Ellos temían dañarle a Él o herir Su causa deliberadamente. Estos hombres y mujeres realmente mostraban el amor de Cristo. Eran estupendos con los siervos de Dios que venían a ministrar con ellos. Ellos los cuidaban y alentaban.

También pareciera que dondequiera que iba y veía el fuego de Dios en el púlpito, miraba ángeles tocando el púlpito en diferentes momentos, ellos adoraban a Dios. A menudo, les miraba levantando una mano al cielo (algunas veces elevaban las dos manos) mientras magnificaban el nombre del Señor.

Regresé a iglesias como esta, y un día, durante un servicio, la gloria de Dios cayó con una revelación poderosa. Vi ángeles entrar a la iglesia con una gran cruz que parecía medir unos quince pies de altura. Ellos llegaron al púlpito, el cual parecía estar encendido. Los ángeles parecían cavar en el suelo frente al púlpito donde luego colocaron la cruz. Vi esto en varias ocasiones y cada vez había una gran liberación. Muchas personas venían al altar, eran salvas y libertadas de una forma maravillosa. Eso fue un acontecimiento extraordinario.

Me preguntaba acerca de lo que había visto y comencé a preguntarle al Señor, "¿Dios, qué es todo esto? ¿Qué significa esto en la santa Palabra de Dios?" Él me respondió:

Estos púlpitos que ves con fuego representan púlpitos donde Mi Palabra verdadera es predicada. Estos santos y ungidos ministros están purificando el rebaño con la Palabra de Dios y la cruz que tú ves. Por consiguiente, he establecido la cruz allí, el Espíritu está en ellos para libertar y para que la Palabra de Dios sea cumplida. Esta es una señal de que las cosas que me han pedido van a ocurrir; también significa que ellos predican la

Palabra de Dios pura y santa por medio de la eterna y poderosa Cruz.

Por toda la tierra miré esta misma revelación. Cuando miraba a los ángeles en acción era como estar viendo una película. En muchos lugares, miraba ángeles llegar como un equipo de limpieza y comenzaban a sacar los poderes del maligno de las iglesias. Ellos rompían las ataduras de las personas y las libertaban. En un servicio, ciertas personas tomaron fotografías y cuando las revelaron, se podía ver el fuego alrededor de las personas por las que se oraba. Era un color rojo brillante, yo estaba emocionada porque demostraba el conocimiento de la revelación de la sangre de Jesucristo. Era maravilloso para mí ver esos ángeles trabajando para Dios en el reino espiritual. Aunque me emocionaba ver que estas cosas pasaban, las mismas no ocurrían en todas las iglesias o servicios.

El altar del corazón

En una ocasión, salí de viaje ministerial con una amiga predicadora, ella tiene el don de profecía. Pasamos la noche en un hotel de un pueblo pequeño. Ella se durmió rápidamente, yo empecé a buscar de Dios. La gloria del Señor cayó en la habitación como un fuego y me senté en la cama. De repente, vi un altar antiguo, un altar de piedra, como el que edificaban los pueblos durante los tiempos bíblicos. Era alto y obviamente diseñado para ofrecer sacrificios.

El altar estaba suspendido en el aire como unos dos pies y estaba encendido. Las llamas eran visibles alrededor de la estructura de aproximadamente cuatro pies de ancho, pero nada se quemaba. Me levanté de la cama y cuando contemplé el altar, tuve una visión de la presencia de Dios. Frente a Él se abrían libros mientras Él me decía:

Hija mía, te he llamado y te he escogido para que tengas sueños, visiones y revelaciones para así mostrarte misterios. Te he mostrado el cielo. Te he mostrado lo que le ocurre a las personas cuando van al infierno. Te he mostrado estas cosas por toda la tierra; con todo, por toda la tierra, en muchos lugares no se predica la verdad. Ellos no dicen la verdad a las personas. Ellos tienen altares contaminados. Te he escogido para que vayas por la tierra y reedifiques los altares. "Paraos en los caminos, y mirad, y preguntad por las sendas antiguas, cuál sea el buen camino, y andad por él" (Véase Jeremías 6:16). Debes reedificar los antiguos altares y abrir nuevamente la senda antigua. Debes reedificar los altares de Dios.

A medida que Dios me hablaba, la apariencia de Su presencia se encendía más, y pensé, *los altares de Dios nunca se queman. Nunca serán destruidos. Los altares perversos caerán. Están edificados con cemento inferior y ladrillos imperfectos, y se desmoronarán.*

Dios empezó a tratar conmigo con respecto a los altares del corazón. Él dijo que cuando las personas se arrodillan en la iglesia y buscan a Dios por sí mismos, cada persona se presenta ante Dios como diciendo, "Dios aquí estoy en el altar; este soy yo, Señor. Tengo estos problemas. Soy pecador. He hecho esto y aquello". Entonces Dios me dijo:

Cuando derraman su corazón ante Mí en el altar, ellos se edifican a sí mismos como altares ante Mí. Ese es el altar del corazón. Quiero limpiar los altares del corazón de la idolatría, la brujería, el sortilegio, de cualquier perversidad que estén cometiendo. Quiero que los que me buscan me digan la verdad porque la verdad y la justicia se encuentran. Quiero que ellos me digan la verdad para que Yo pueda hacerles libres por medio de mi Hijo, Jesucristo.

Cuando ellos confiesen estas cosas y hagan un nuevo compromiso delante de mi, Yo lavaré sus escombros con mi fuego, mi Espíritu y mi Palabra. Ellos se sentirán livianos y felices porque les llegó la liberación en el nombre de mi Hijo, Jesucristo. Cuando ellos se levanten de ese altar físico, Yo habré edificado un nuevo altar para Mí.

Cuando vayas al mundo y hables sobre el infierno, el juicio de Dios, el fuego de Dios y lo que le espera a las personas cuando lleguen al infierno, esto les ayudará a entender que deben ser sinceros conmigo y con sus almas. Esto les ayudará a entender quién Soy y lo que Yo digo. Yo Soy un Dios santo y justo y ellos no tendrán dioses ajenos delante de Mí.

Hija, a muchas personas nunca se les enseña estas verdades. Ellas tienen oídos para oír pero no oyen, tienen ojos para ver pero no ven. Pero a ti te serán revelados misterios, conocimiento, revelaciones y verdad. Las Escrituras apoyarán las revelaciones que Yo te daré, y estas Escrituras serán muy importantes para el mundo. La Palabra de Dios está obrando, y este libro acerca de los ángeles en acción bendecirá a muchos dándoles fortaleza y aliento.

En la Biblia, Dios quería que las personas se arrepintieran y derribaran los altares inmundos de sus vidas. Comencé a comprender que es esto precisamente de lo que tratan las visiones. Dios está llamando a su pueblo a decir la verdad y a derribar los altares de idolatría.

Este es el propósito divino de Dios para todos los ministros. Todos los ministros, en particular, han sido llamados para obedecer a Dios y Su Palabra, para seguir adelante y declarar Sus juicios de la manera correcta, y, a ser fieles en decir a la gente que se arrepienta y se ponga a cuentas con Él. ¡Qué este libro logre lo que Dios desea!

El poder de la Palabra

Otro fenómeno que observé en mis viajes realmente me sorprendió. Vi a un verdadero profeta de Dios hablar, él estaba cubierto con una llama de fuego transparente. Miré la imagen de la Biblia abierta en su corazón, con la Palabra escrita allí. Un ángel estaba a su derecha, este ángel vertía fuego en la cabeza del profeta. El fuego bajaba hasta la Palabra que estaba en su corazón, y entonces él empezaba a profetizar. A medida que la palabras salían de su boca, se convertían en una espada (Véase Efesios 6:17; Hebreos 4:12). Dentro de la espada iba escrita la Palabra de Dios.

Cuando el profeta de Dios hablaba, la Palabra era lanzada a la congregación y la congregación era avivaba y animaba. El Señor me mostró que cuando Él habla, Él hace que las cosas existan, y cosas empiezan a ocurrir.

Por ejemplo, vi a un profeta profetizar diciendo:

Yo soy el Señor Tu Dios quien te sana; Yo, el Señor, estoy aquí para hacer grandes obras contigo. Estoy aquí para ti, para libertarte, para deshacer tus cargas. Estoy aquí para amonestarte, para amarte, para alentarte.

Todo lo que el profeta decía se movía sobre la congregación y caía en las personas. La verdad y la justicia se habían encontrado, y cosas empezaron a ocurrir. Los ángeles aparecieron en todo alrededor y comenzaron a ministrar a las personas, algunas de ellas caían bajo el poder de Dios.

En algunas de esas personas, miré manchas oscuras. Los ángeles llevaban el poder a estas personas afligidas. Ellos colocaban el fuego en esas manchas oscuras y el fuego quemaba las enfermedades. La gente era sanada, y eran "movidos en el Espíritu". A través de estas experiencias, comencé a comprender el conocimiento de la revelación de la Palabra de Dios en 1ra Corintios sobre los dones del Espíritu (Véase capítulo 12).

Fue asombroso ver lo que Dios hizo y todavía hace. Es maravilloso cuando las burbujas del gozo nos inundan y la risa comienza a emanar cuando vemos los actos del Dios Todopoderoso y los actos de Sus ángeles en acción. La Palabra y el Espíritu obran junto con los vasos que Dios escoge para ministrar.

En un servicio en Ohio, algunas personas me fotografiaron mientras predicaba la Palabra viva de Dios. Les recordé a esas personas que debemos que creer en la Palabra de Dios, arrepentirnos de nuestros pecados, y volvernos a Dios, que debemos creer que la sangre de Cristo nos limpiará si hemos pecado.

Cuando una de esas fotografías fue revelada, claramente se podía ver el relieve y de un gran libro abierto. Era inmenso, parecía que medía unos diez pies de altura. El libro era blanco puro, y estaba sobre la cabeza de las personas en la congregación. Yo sabía que representaba la Palabra viva de Dios.

También tengo una fotografía de una niñita de Big Piney, Wyoming, quien tenía como unos doce años y deseaba el bautismo del Espíritu Santo. Pudimos captar en la película una nube blanca que rodeaba a esta pequeñita, y se acercaba a ella mientras ella era bautizada con el Espíritu Santo.

Cuando la nube estaba sobre ella, ella estaba en el piso orando. Parecía como si se había dormido en el Señor por un momento. Cuando se levantó, se dirigió hacia mí y me dijo, "señora Baxter, ¿yo puedo predicar?"

Vi la gloria del Señor en ella, y le pregunté, "¿qué te pasa pequeña?"

Ella contestó, "bueno, es que estaba ahí, Jesús vino y me habló. Él me tomó y me mostró el infierno. Él me mostró cuán horrible es, y cómo debemos creer, debemos creer que existe porque es real es una historia verídica".

Ella comenzó a llorar, y todos los otros niños comenzaron a llorar con ella. El Espíritu Santo cayó sobre ellos, y ellos empezaron a gemir y a lamentar en el Espíritu, orando para que la gente fuera salva y nacida de nuevo. Pude ver ángeles sobre los niños y alrededor de ellos.

Mientras veíamos las obras de Dios, yo sabía que debíamos dar a Dios toda la gloria y la alabanza por ello, debíamos comprender que ¡Su Palabra sigue hacia adelante, me importa lo que venga!

La Palabra y la salvación

En cierta ocasión, yo había estado orando al Señor por los miembros de mi familia que no eran salvos. Quizás, usted también tiene familiares que no están listos para recibir al Señor, y usted se preocupa por sus almas. Mientras buscaba a Dios ese día, Él me dio una revelación especial.

Pude ver libros sagrados. Los ángeles abrían un libro y cambiaban la página, pude ver la Palabra de Dios escrita en ella. Llamas salían de ese libro, junto con lo que parecía ser una neblina. Parecía como si la gloria y el poder estaban entremezclados con el parpadear rojo y blanco del fuego. Supe que eso significaba que estaba viendo la Palabra viva de Dios.

Creo que el propósito de esta revelación era plasmar que lo que ya Dios había dicho en Su Palabra, Él lo cumpliría, Él nos ha prometido que *"se multiplicará la paz de* [nuestros] *hijos"* (Isaías 54:13). Él ha dicho que *"te amará, te bendecirá y te multiplicará, y bendecirá el fruto de tu vientre"* (Deuteronomio 7:13). ¡Es exactamente eso lo que mi bendito señor hace! Siga creyendo que Dios salvará a sus seres queridos, y déle la gloria por ello.

El poder de la Palabra sobre Satanás

He visto visiones en las que poderes demoníacos y espíritus inmundos luchaban contra ángeles. Los ángeles siempre ganaban porque siempre citaban la Palabra de Dios. La Palabra es *"la espada del espíritu"* (Efesios 6:17) y derrota al enemigo. Recuerde que Jesús citó la verdad de las Escrituras a Satanás durante Su tentación en el desierto. El enemigo no tenía más municiones y tuvo que dejarle.

La siguiente es una experiencia que tuve en la que Dios me enseñó el poder de la Palabra sobre Satanás. En una ocasión, viajé a Miami con otras personas a una convención cristiana. Había gran opresión en el área; los poderes del maligno podrían sentirse en ciertas partes de la ciudad, eso me afligió. Podíamos sentir la opresión mayormente cuando estábamos comiendo la cena o durante la noche. Me pregunté, *¿Dios, porque sentimos ese poder del maligno cuando el poder de Dios es tan grande en esta convención?*

Había una mujer en la convención a la cual se le había asignado compartir la habitación conmigo, pero por alguna razón no lo hizo. Una noche, ella se me acercó y me dijo, "Soy bruja. Vine a la convención cristiana actuando como una cristiana para saber qué es lo que ustedes los cristianos hacen. Quiero llevar esta información al aquelarre y hacer brujería contra esta atmósfera para detener lo que ustedes están haciendo".

Yo le contesté, "¿en serio?" Inmediatamente comencé a citarle la Palabra Dios. Le dije, "escuche, señora, no hay nada que usted pueda hacer para dañarme o para detener esta reunión. *'Si Dios es por nosotros, ¿quién contra nosotros?'* (Romanos 8:31)".

Ella se enojó conmigo y se fue. Le agradezco a Dios porque la detuvo de quedarse en mi habitación. Me quedé en una habitación sola y así pude tener un lugar tranquilo y el tiempo para entender mejor la opresión que estábamos sintiendo.

De regreso a casa, teníamos que viajar por auto, me senté en la parte trasera. Pensé que iba a descansar por un momento, así es que empecé a orar sobre la situación. Mientras miraba hacia el cielo, primero bajó Su gloria. Luego tuve una poderosa visión del Señor. Él estaba en el medio de una luz blanca brillante, con la gloria y el poder alrededor de Él. La luz blanca simbolizaba pureza; Dios es puro y santo.

Le miré salir de los cielos hacia las nubes, vi Su mano derecha dirigirse hacia abajo. De cada una de las puntas de Sus dedos miré salir poder como nunca antes lo había visto; y este poder se volvió como un remolino de energía y fuego. Luego extendió Su mano izquierda. Una vez más, de la punta de Sus dedos e incluso de Su dedo pulgar, salió fuego. También salió fuego de la palma de Su mano, como un río de fuego, hacia el universo.

Él me dijo, "Yo he destruido sus obras por medio de este fuego y mi Palabra. A veces, Yo mismo salgo a luchar por mis hijos". Comencé a alabar al Señor a gran voz. Él me dijo:

Hija, cuando ores, reprende la obra de las tinieblas. Vendrá brujería, sortilegio y otras cosas perversas contra las personas y sus obras. Yo quiero que tú ores para que sus almas sean salvadas. Pídeme tener misericordia sobre ellos y salvar sus almas. Nunca reprendas a la gente sino a la obra de las tinieblas y sus actividades. Mantente firme en mi Palabra, y mi poder y fuerza lo cumplirán. Cree en mí y Yo enviaré este fuego, Yo haré que los inicuos sean hechos cenizas bajo tus pies (Véase Malaquías 4:3).

¡Le alabé más! Le agradecí y me regocijé. Pude sentir aliento y la presencia de Dios que era tan grata. Luego miré un ejército de ángeles bajando del cielo con banderas, pancartas y cruces. Ellos colocaban las cruces y reclamaban la tierra para el Señor.

La Palabra siempre cumple con algo

En otra ocasión, tuve una visión en la cual los ángeles sostenían la Palabra de Dios, una Biblia grande, completa y abierta, en el universo. Llamas salían de ella. ¡Esa Biblia era tan grande y bella! Entre las páginas escrito con llamas decía "La

Palabra de Dios". Una de las páginas se convirtió en una figura, y de ella radiaba lo que parecía ser poder. Luego las páginas se convirtieron en una gran trompeta (parecía una trompeta) que se extendía largamente. Pude ver poder, gloria y honra saliendo del extremo de la trompeta. Yo supe que esto significaba que era la Palabra viva de Dios y pensé, *"Oh, Dios, eres tan maravilloso. Tú eres la Palabra".*

Creo que por medio de esta visión, Dios me estaba diciendo, *"Tocad trompeta en Sión"* (Joel 2:15), *"Clama a voz en cuello, no te detengas; alza tu voz como trompeta, y anuncia a mi pueblo su rebelión, y a la casa de Jacob su pecado"* (Isaías 58:1), para que ellos vuelvan a Él.

Muchas veces, en el Espíritu, he visto este gran libro con sus páginas abiertas. De este libro sale la Palabra en acción. La Palabra siempre cumple con algo para el Señor:

Porque yo Jehová hablaré, y se cumplirá la palabra que yo hable; no se tardará más, sino que en vuestros días, oh casa rebelde, hablaré palabra y la cumpliré.
(Ezequiel 12:25)

Porque la palabra de Dios es viva y eficaz, y más cortante que toda espada de dos filos; y penetra hasta partir el alma y el espíritu, las coyunturas y los tuétanos, y discierne los pensamientos y las intenciones del corazón. (Hebreos 4:12)

Muy frecuentemente no nos damos cuenta del poder de la Palabra de Dios. Dios quiere cumplir muchas cosas *"con la palabra de su poder"* (Hebreos 1:3). Debemos darle la debida reverencia a Su Palabra, así como lo hacen Sus ángeles, creyendo y obedeciéndola, para que Él pueda hacerla verdad en nuestras vidas, así como en las vidas de aquéllos a los que ministramos.

8

Los ángeles y el fuego de Dios

Recientemente, he buscado a Dios para saber de Su fuego, el fuego del Espíritu Santo. He aprendido que es un fuego de avivamiento, purificación y sanidad para Su pueblo, es también fuego de juicio para los que le rechazan. Juan el Bautista dijo:

> *Yo a la verdad os bautizo en agua para arrepentimiento; pero el que viene tras mí, cuyo calzado yo no soy digno de llevar, es más poderoso que yo; él os bautizará en Espíritu Santo y fuego. Su aventador está en su mano, y limpiará su era; y recogerá su trigo en el granero, y quemará la paja en fuego que nunca se apagará.*
>
> (Mateo 3:11–12)

Fuego de avivamiento, purificación y sanidad

El profeta Joel profetizó sobre el bautismo con el Espíritu Santo:

Y conoceréis que en medio de Israel estoy yo, y que yo soy Jehová vuestro Dios, y no hay otro; y mi pueblo nunca jamás será avergonzado. Y después de esto derramaré mi Espíritu sobre toda carne, y profetizarán vuestros hijos y vuestras hijas; vuestros ancianos soñarán sueños, y vuestros jóvenes verán visiones. Y también sobre los siervos y sobre las siervas derramaré mi Espíritu en aquellos días...Y todo aquel que invocare el nombre de Jehová será salvo; porque en el monte de Sion y en Jerusalén habrá salvación, como ha dicho Jehová, y entre el remanente al cual él habrá llamado. (Joel 2:27–29, 32)

Esta profecía se cumplió cuando los seguidores de Jesús fueron bautizados con el Espíritu Santo en el Día de Pentecostés y "lenguas de fuego" se colocaron en cada uno de ellos:

Cuando llegó el día de Pentecostés, estaban todos unánimes juntos. Y de repente vino del cielo un estruendo como de un viento recio que soplaba, el cual llenó toda la casa donde estaban sentados; y se les aparecieron lenguas repartidas, como de fuego, asentándose sobre cada uno de ellos.

Y fueron todos llenos del Espíritu Santo, y comenzaron a hablar en otras lenguas, según el Espíritu les daba que hablasen.
(Hechos 2:1–4)

En las revelaciones y visiones que he tenido, los ángeles parecen estar conectados con el fuego del Espíritu de Dios. Una vez vi un gran ángel volando en los cielos. Este tenía un pergamino en una mano y una bola de fuego en la otra. Mientras miraba, él bajó hasta donde yo estaba y me dijo "Dios quiere poner fuego en Sus hijos para depurarlos y purificarlos hasta que sean limpios". Pensé para mí, *¡Gloria a Dios, aleluya!* Mi oración es, "Cuanto te agradezco por el fuego, Dios, y la purificación y la limpieza. Úngenos con el fuego del Espíritu Santo, Padre".

Dios está enviando Su fuego para purificar a Sus hijos y para sacar la vieja levadura (el pecado y la desobediencia) de los que se lo permitan. Primera de Corintios 5:7–8 dice:

Limpiaos, pues, de la vieja levadura, para que seáis nueva masa, sin levadura como sois; porque nuestra pascua, que es Cristo, ya fue sacrificada por nosotros. Así que celebremos la fiesta, no con la vieja levadura, ni con la levadura de malicia y de maldad, sino con panes sin levadura, de sinceridad y de verdad.

A medida que relato estas historias de ángeles obrando, Dios continúa abriendo mis ojos. He comenzado a aprender más profundamente lo que significa experimentar el ministerio de los ángeles. He visto ángeles ser despachados por sobre la tierra con el fuego de Dios. Ellos lo colocan en las personas que estaban abiertas a recibir de Dios.

Una noche, predicaba en una convención de damas, me quedaban unos veinte minutos para concluir mi mensaje antes de salir para el aeropuerto. Súbitamente, Dios me dio una visión sobre siete mujeres de la congregación, todas ellas estaban llenas de fuego. Mientras miraba, ellas se convertían como en esqueletos, y yo podía ver el infierno debajo de ellas. Pedí a la congregación que oráramos. Inmediatamente, nos pusimos en pie para orar. Mientras buscaba de Dios, relaté la visión que había tenido y las damas corrieron al altar y fueron salvas.

Recuerde que esto ocurrió veinte minutos antes de mi partida. Naturalmente, los que organizaban la convención tenían que continuar la reunión después de mi partida y hubieran hecho un llamado al altar. ¡Pero Dios quiso que el llamado al altar fuera en ese momento!

Últimamente, he visto mucho del fuego de Dios. Lo veo en los servicios en las iglesias, hay fuego alrededor de las personas y en las personas. El calor del fuego del Dios Altísimo está "quemando" las enfermedades y los padecimientos tales como el cáncer. He visto ángeles con bolas de fuego, y los he visto vertiendo ese fuego en las personas. A menudo, escucho a la gente decir, "siento calor", al ser ministrados por el Señor. Debido a esto, he buscado mayor entendimiento acerca del fuego del Espíritu Santo.

Fuego de juicio

Algo que he aprendido es que el fuego de Dios es fuego de juicio, así como es fuego limpiador y sanador. En el capítulo cinco, vimos que los ángeles cumplen una función en ejecutar el juicio de Dios en el mundo. En el Antiguo Testamento, Dios por medio del profeta Amós anunció que Él enviaría fuego *"en el muro de Gaza"* (Amós 1:7), *"en el muro de Tiro"* (v. 10), y *"en Temán"* para consumir *"los palacios de Bosra"* (v. 12). *"Así ha dicho Jehová"*, declaró el profeta más adelante. *"Vi al Señor llamar a juicio con un fuego que devoraba el gran abismo y consumía los campos"* (Amós 7:4, NVI). El mismo fuego purificador que trae gozo, paz y sanidad castigará a los inicuos y traerá Su juicio sobre ellos. Este fuego viene del cielo y cumplirá su propósito establecido. Todos debemos despertar a esta verdad. Dios cumple lo que dice.

En cierta ocasión, mientras oraba, Dios me permitió ver en el lugar santísimo. Vi lo que parecía ser un cordel de fuego, estaba todo en llamas, los ángeles lo usaban como cinta métrica. Esto me recordó cuando el profeta Amós vio una plomada de albañil en la mano del Señor (Véase Amós 7:7–8). Una plomada de albañil tiene cierto peso en un extremo y es usada para medir si una pared está derecha desde arriba hasta abajo. La plomada de albañil era una forma simbólica de demostrar que Dios medía las vidas de los israelitas para ver si eran espiritualmente rectos.

De una manera similar, creo que el juicio de Dios se hace vigente en la actualidad. Realmente creo que Dios, de hecho, ya ha colocado la plomada de albañil desde el cielo para separar al justo del injusto. Necesitamos entregarnos a Dios con todo nuestro corazón. Dios dice, *"ajustaré el juicio a cordel, y a* [plomada de albañil] *la justicia"* (Isaías 28:17).

El juicio está siendo ejecutado desde hace algún tiempo. Dios quiere que nos volvamos a Él antes de que sea demasiado tarde. ¿Cómo pesará su vida ante Dios? Demasiadas veces, el diablo trae un espíritu de distracción para detenernos de escuchar la verdad. Nuestras vidas pueden ser medidas como rectas e íntegras sólo cuando recibimos al Señor Jesucristo y Su justicia por medio de la expiación que Él proveyó para nosotros al morir en la cruz, y a medida que nos mantenemos en Su justicia por medio de la fe y la obediencia en Él. No debemos tomar esto ligeramente.

Hace poco, fui despertada durante la noche, tuve una poderosa revelación de un gran ángel. Él tenía un pergamino grande en sus manos, el cual revisaba. Luego, abrió el pergamino desde sus dos extremos. El ángel me vio y dijo, "Así dice el Señor: Los archivos de los tiempos han sido abiertos en el cielo". El ángel repitió esto tres veces y se fue volando.

Comencé a buscar de Dios sobre el significado de esto. El Espíritu Santo trajo a mis pensamientos el juicio que ha sido establecido para la tierra. Estamos viviendo tiempos como nunca antes. Pero con los problemas y el juicio de Dios sobre la tierra, también estamos viendo un gran derramamiento de Su Espíritu. Nuevamente, Dios no quiere que las personas experimenten el juicio, sino que se arrepientan y se vuelvan a Él por medio de Cristo.

Permitámosle que nos purifique con ese fuego, que nos limpie con Su santa Palabra. Muchas veces, en oración, he visto los ángeles de Dios usando esa plomada de albañil llena de fuego. Leí un libro que escribió otra persona que vio el cielo, el escritor también vio la plomada de albañil encendida. Santos, Dios está colocando la plomada de albañil. Debemos prepararnos para la venida del Señor.

Período de gracia

He visto algunos ministros y predicadores que han predicado el Evangelio de Jesucristo y han cumplido Su voluntad, pero han caído en adulterio u otro pecado. He notado que Dios les ha otorgado un espacio de tiempo para arrepentirse, un período de gracia. Dios trata con ellos, y los ángeles tratan de volverlos al camino correcto.

La convicción se apodera de los corazones de los que erran, pero si se resisten, sus corazones comienzan a endurecerse. Al principio, ellos tenían la gloria de Dios rodeándoles. Ellos tenían el fuego de Dios en ellos y alrededor de ellos. Este fuego era como un escudo de protección para ellos, pero a medida que cometían errores de pecado y mentira, permitieron que se crearan orificios en esa protección. Al ellos caer en pecado creó orificios en la unción de Dios, y, muy pronto, empezaron a corromperse, tenían al enemigo atacándoles como podía. Ellos se llenaron de mentiras y pecado.

Con todo, la gracia de Dios todavía trata con ellos. Él todavía los acerca a Él. La gracia de Dios todavía llama; Él desea que ellos se arrepientan y se vuelvan a Él. Apremiadamente, muchos de ellos se arrepienten y vuelven a Dios y a Su verdadera unción.

Creo que la revelación que Dios me dio del infierno tenía un propósito. Estoy convencida que Dios me ha dado las cosas que he visto y oído para que cuando vaya y les diga a los demás, las escamas sean quitadas de sus ojos y la luz del Evangelio entre en ellos. Porque si ellos continúan en sus pecados, esencialmente rechazando a Cristo, y mueren se irán al infierno.

Aún así, Jesús fue manifestado para libertarnos del pecado y salvarnos del castigo eterno. Él vino a la tierra para prevenirnos de quemarnos en el infierno. Santos, les digo ahora, servimos a un Dios poderoso que nos ama y se preocupa por nosotros.

¿Cómo usted responderá?

El fuego de Dios es para renovación y juicio. Con él, Dios refresca y reaviva a Su pueblo y castiga al inicuo. ¿Cómo usted responderá al fuego de Dios? Permítale a Dios purificarle y renovarle en Su amor y verdad a medida que usted "[sirve] *al Dios vivo y verdadero, y* [espera] *de los cielos a su Hijo, al cual resucitó de los muertos, a Jesús, quien nos libra de la ira venidera*" (1ra Tesalonicenses 1:9–10).

9

Los ángeles y liberación

En momentos de peligro y desesperación, el Señor me ha señalado *"invócame en el día de la angustia; te libraré, y tú me honrarás"* (Salmos 50:15). Muchas veces he clamado al Señor en *"el día de la angustia"*. He orado en el Espíritu Santo por horas, y, las Escrituras han venido a ser reales y poderosas para mí. El Señor me ha dicho "no importa lo que veas, no importa lo que yo sientas, debe creer en mi Palabra. Debes creer en lo que te he prometido. Mis promesas son verdaderas". A continuación veremos algunas de las promesas por liberación que hay en la Palabra de Dios con las cuales podemos llenar nuestros corazones y mentes usándolas como base para nuestras oraciones:

> *Como las aves que vuelan, así amparará Jehová de los ejércitos a Jerusalén, amparando, librando, preservando y salvando.* (Isaías 31:5)

Y hasta la vejez yo mismo, y hasta las canas os soportaré yo; yo hice, yo llevaré, yo soportaré y guardaré. (Isaías 46:4)

No temas delante de ellos, porque contigo estoy para librarte, dice Jehová.
(Jeremías 1:8)

[Cristo] *os dio vida juntamente con él, perdonándoos todos los pecados, anulando el acta de los decretos que había contra nosotros, que nos era contraria, quitándola de en medio y clavándola en la cruz, y despojando a los principados y a las potestades, los exhibió públicamente, triunfando sobre ellos en la cruz.*
(Colosenses 2:13–15)

Y el Señor me librará de toda obra mala, y me preservará para su reino celestial.
(2da Timoteo 4:18)

Sabe el Señor librar de tentación a los piadosos. (2da Pedro 2:9)

En el libro de los Salmos, también hay muchas evidencias maravillosas de la liberación de Dios. A continuación cito algunas de ellas:

Jehová, roca mía y castillo mío, y mi libertador; Dios mío, fortaleza mía, en él confiaré; mi escudo, y la fuerza de mi salvación, mi alto refugio. (18:2)

Tú eres mi refugio; me guardarás de la angustia; con cánticos de liberación me rodearás. (32:7)

Busqué a Jehová, y él me oyó, y me libró de todos mis temores. (34:4)

El ángel de Jehová acampa alrededor de los que le temen, y los defiende. (34:7)

Bienaventurado el que piensa en el pobre; en el día malo lo librará Jehová. Jehová lo guardará, y le dará vida; será bienaventurado en la tierra, y no lo entregarás a la voluntad de sus enemigos. Jehová lo sustentará sobre el lecho del dolor; mullirás toda su cama en su enfermedad. (41:1–3)

En la calamidad clamaste, y yo te libré; te respondí en lo secreto del trueno; te probé junto a las aguas de Meriba. (81:7)

Por cuanto en mí ha puesto su amor, yo también lo libraré; le pondré en alto, por cuanto ha conocido mi nombre. Me invocará, y yo le responderé; con él estaré yo en la angustia; lo libraré y le glorificaré. Lo saciaré de larga vida, y le mostraré mi salvación. (91:14–16)

Envió su palabra, y los sanó, y los libró de su ruina. (107:20)

La presencia de Dios trae liberación

La misma presencia del Señor nos trae liberación. En las visiones que Dios me ha dado, he visto ángeles entrando a las iglesias, normalmente entran por la puerta del frente, la cual, en muchos santuarios, va directamente hasta el púlpito. Cuando Cristo va a bajar, ellos comienzan a mover sus alas, como un ventilador inmenso. Ellos ventilan el piso y una alfombra real de color rojo es colocada para que Cristo camine sobre ella.

Luego vi a los ángeles formar dos líneas paralelas en el pasillo céntrico de la iglesia. Las personas en la congregación no pueden ver a los ángeles, pero los mensajeros celestiales tocan sus trompetas como si un rey estuviera entrando. Luego miré un gran carruaje llegar hasta las puertas principales de la iglesia. Ángeles enormes abrían las puertas, eran puertas espirituales, y Cristo entraba.

¡Oh, cuán bello es Él! Los ángeles siempre estaban con él, escoltándole y llevando mensajes en libros y pergaminos. Algunos de esos ángeles llevaban cuernos de fuego. Otros llevaban espadas u otras cosas.

Cuando Cristo entraba, el ministro decía, "siento la presencia del Señor". Entonces miraba nubes aparecer sobre la congregación. (De manera similar, cuando predico en las reuniones de los hogares, la presencia del Señor también se deja sentir, y yo miro lo que parece ser un rocío o nube sobre las personas. Después de esto, muchos levantaban sus manos y decían, "siento la presencia del Señor"). Parecía como si hubiera cientos de ángeles colaborando con el Señor. También colaboraban con los ministros para llevar la sanidad de Jesús a las personas, también ministraban cuando era dada una profecía. En medio de todo esto, sé que Dios me estaba diciendo que los ángeles están en medio nuestro.

He visto esta visión muchas, muchas veces durante mis viajes en los últimos diez años. Siempre que la veo, hay almas que se salvan. Hay tan gran mover de Dios que la gente se arrepiente de sus pecados cuando predico del infierno. Veo a los ángeles entrar en acción en la congregación, y, a veces veo a algunas personas atadas con cadenas, cadenas oscuras. Los ángeles queman las cadenas a medida que las personas se arrepienten delante de Dios. He visto a personas perdonar por completo a aquéllos que les han hecho daño. Ellas levantan sus manos y alaban al poderoso Rey de reyes y Señor de señores.

Durante estas poderosas visiones, el Señor sale de Su carruaje y camina por la iglesia. Él toca a ciertas personas en la cabeza. ¡La unción y el pacto de Dios son muy reales! Crea que Jesús murió para darnos vida. Crea que Él vendrá otra vez. Crea que Él manifestará Su gloria en nuestros servicios si le damos la oportunidad, si creemos en Él.

Satanás quiere que dudemos para así hacernos daño. Él quiere inyectar incredulidad en todos nosotros. Pero, ¡aleluya, Dios ha pagado el precio de nuestra libertad! ¡Nuestro Señor Jesús lo hizo por nosotros! Si nos unimos a Él, si nos perdonamos mutuamente, recibiremos el perdón absoluto (Véase Mateo 6:14–15). No permitamos que haya ninguna obstrucción en esa unión. Permitamos ser sanados de nuestras enfermedades, dolencias y padecimientos.

El poder de la Cruz en la liberación

En otra ocasión, estaba yo predicando en un servicio y tenía gran unción. Súbitamente, tuve una visión de unos ángeles que cargaban una cruz blanca muy grande hasta el frente de la iglesia. Mientras lacongregación oraba con otro ministro, vi que de un extremo de la cruz salía poder que se posaba sobre la persona por la que se oraba. Cada uno fue sanado y libertado porque fueron tocados por el poder que salía de esa cruz.

He visto esto muchas veces. Mientras predica la Palabra de Vida, puedo ver la cruz sobre mi cabeza. La cruz siempre emana poder. Es por medio de ese poder de la Cruz que se cumple la liberación y es posible la salvación. Podemos ser libertados hoy si reclamamos como nuestro lo que Cristo Jesús pagó en el Calvario. El secreto está en la expiación. Debemos creer en Jesús, debemos creer en Sus milagros.

De nuevo, una de las grandes artimañas del diablo es sembrar la duda y la incredulidad en nosotros. Dios quiere darnos gozo, alegría y realización, pero el diablo quiere darnos dolor, pena y desconsuelo. Sin embargo, Dios es más grande que todas esas cosas y debemos mirarle a Él. La liberación se hace posible por medio del poder de la Cruz.

La compasión nos lleva a la liberación

Un día mientras viajaba en un avión, pensaba en una crisis que un familiar enfrentaba, comencé a llorar y las lágrimas rodaron por mi rostro. Gracias al Señor, tenía cierta privacidad: llevaba puesto anteojos de sol y no había mucha gente en esa sección del avión. Era un vuelo largo, así es que me acurruqué en la esquina cerca de la ventana mientras lloraba.

Mientras las lágrimas rodaban por mi rostro, miré por la ventana y me maravillé de ver ¡un bello arco iris! Inmediatamente, recordé las promesas de Dios. Cuando Él colocó el primer arco iris en el cielo, Él le prometió a Noé que nunca más destruiría la tierra con un diluvio (Véase Génesis 9:8–17). Mi corazón fue reanimado al ver ese arco iris porque me recordó de las preciadas promesas de Dios.

Luego, como si afirmando lo que había visto en la naturaleza, tuve una bella, gloriosa e impresionante visión. Miré lo que parecía ser un gran fuego rojo en el cielo y el semblante de Dios en Su trono. Es difícil describir lo que vi después, pero parecía como una huella que iba desde la tierra hasta el trono de Dios. Ahí en la huella, vi lágrimas e inmediatamente pensé en Jesús.

Mis pensamientos sobre Jesús coincidían con mi recuerdo de un evento histórico. En uno de los episodios más tristes de la historia norteamericana, algunos de los indígenas cherokees fueron sacados de su tierra, llevados como rebaño a fortines provisionales con mínimas facilidades y alimento, fueron forzados a marchar unas mil millas (algunos hicieron parte de esa jornada en bote bajo las mismas condiciones horrendas).

Cerca de cuatro mil cherokees murieron durante su desplazamiento del sureste hacia reservaciones gubernamentales en el territorio de Oklahoma. La ruta por la cual viajaron en su jornada es conocida como "The Trail of Tears" (El sendero de lágrimas). El significado literal de las palabras cherokee *Nunna daul Tsuny* es "El sendero por donde lloraron".

Cuando tuve esta visión del trono y del sendero de lágrimas, pensé en este evento histórico, pero mis pensamientos más vívidos estaban en Jesús. Recuerdo cómo Jesús camino por la *vía dolorosa*, subiendo por el monte Calvario. Recuerdo las huellas de Dios, el dolor y el sufrimiento. Luego recordé el dolor, el sufrimiento y las penas por las que pasan los santos de Dios a lo largo de los tiempos. Como señal de que Él estaba conmigo, Dios me dio un poema al cual titularé, "En las huellas de las lágrimas de Dios".

En las huellas de las lágrimas de Dios
había muchas palabras escritas,
Muchos mensajes para Dios
de penas y dolor.
En las huellas de esas lágrimas,
el enemigo ha causado mucho daño.
Las huellas de esas lágrimas
son clamores a Dios
mezclados con duda e incredulidad
en las promesas del pacto de Dios.
Tanta pena, tanto dolor, se ve,
el enemigo hiere y mata a nuestros hijos,
y a los que amamos.
Pero hay esperanza en las huellas
de las lágrimas de Dios.
Hay vida, hay paz
en las huellas de las lágrimas de Dios.

Mientras continuaba mirando por la ventana, parecía como si lágrimas caían del cielo. Cada lágrima tenía un mensaje divino en ella, dejando una huella en la tierra. Entonces supe que Dios había escuchado mi ruego. Realmente Él se conmueve por las cosas que enfrentamos.

Hay muchas historias en las huellas de las lágrimas de Dios. Sus lágrimas bajan como agua mezclada con nuestras lágrimas. Mis lágrimas y las suyas son un mensaje a Dios.

Mis huidas tú has contado; pon mis lágrimas en tu redoma; ¿no están ellas en tu libro? Serán luego vueltos atrás mis enemigos, el día en que yo clamare; esto sé,

181

que Dios está por mí. En Dios alabaré su palabra; en Jehová su palabra alabaré. En Dios he confiado; no temeré; ¿qué puede hacerme el hombre? (Salmos 56:8–11)

La revelación de ese día me provocó mayor respeto por lo que Jesús pasó por amor a nuestro gran Dios. Él nos ama tanto que envió a Su Hijo Jesús para darnos vida eterna para que nunca muramos. Con todo, mientras estamos en esta tierra debemos continuar derrotando el reino de Satanás con la Palabra de Dios. Debemos continuar haciendo las cosas que Dios nos ha mandado.

La visión también me dio un gozo increíble. Por medio de ella, Dios secó mis lágrimas, haciéndome recordar que, *"ciertamente llevó él nuestras enfermedades, y sufrió nuestros dolores"* (Isaías 53:4). Él me aseguró que mis familiares serían libertados, como también pueden ser los suyos. *"Cree en el Señor Jesucristo, y serás salvo, tú y tu casa"* (Hechos 16:31).

Cuando el avión aterrizó, me dirigí hacia mi destino fortalecida en el Señor. Esa noche, ministré en un servicio donde vi muchas personas heridas y tristes. Les di palabras de consuelo, aliento y esperanza en la Palabra del Dios Viviente. Les dije que, ciertamente, las lágrimas que Cristo derramó por nosotros son tan poderosas hoy como lo fueron el día en que Él las derramó.

Usted, también, probablemente ha llorado muchas lágrimas porque no ha entendido algunas de las cosas que le ocurrieron. Pero recuerde, nunca podremos comprender todo en esta vida. Pero la santa Palabra fue escrita para nosotros y nos fue dada por Dios. El Espíritu Santo inspiró a hombres sensatos para que escribieran las Escrituras (2da Pedro 1:20–21). ¡Crea en ella, crea en ella completamente! *"Jesucristo es el mismo ayer, y hoy, y por los siglos"* (Hebreos 13:8). Es en Él en quien debemos fijar nuestra mirada. Es en Él en quien debemos poner nuestra esperanza. Es Él quien nos da deleite y gozo.

Le desafío hoy a que se anime y conozca que hay un Dios que siempre cuida de usted y de su familia. Él envía a Sus ángeles a cuidarle. Ellos siempre están listos para obrar por usted y para ayudarle. Preste atención a los ángeles y tenga presente que Dios los ha enviado.

Clamores por liberación

En un capítulo anterior vimos que los ángeles luchan contra el diablo a favor de Dios. Dios emplea a Sus ángeles para libertar a las personas de demonios, enfermedades y padecimientos. En muchos servicios de liberación, he escuchado a personas clamar, "Dios, ayúdame. Dios libértame". Era obvio que ellas realmente deseaban ser libertados. A medida que ellas clamaban a Dios, yo miraba que ángeles aparecían y tocaban firmemente sus corazones. Podía ver cosas u objetos que quebrantaban a las personas, y los espíritus inmundos literalmente salían de sus bocas. Los ángeles ataban esos espíritus inmundos con cadenas y los llevaban a los "lugares secos" (Véase Mateo 12:43–45). He visto algunos espíritus inmundos salir por el techo y desaparecer; otros parecen quemarse en llamas.

Una noche, oré diligentemente en el Espíritu para que Dios libertara a las personas de las drogas. Desde la medianoche hasta las seis de la mañana, intercedí ante Dios porque yo había determinado no descansar hasta recibir una respuesta de Él. Temprano en la mañana siguiente, Dios envió un ángel para darme una visión.

A medida que el Espíritu me tomaba, vi rayos de luz como flechas que salían desde mi casa hasta el cielo. Luego, miré las puertas del cielo abrirse, y vi un ejército de grandes caballos. El lomo de los caballos era de aproximadamente cuatro pies de ancho, las pezuñas medían casi un pie de ancho. Estos animales majestuosos eran de un color blanco puro y tenían la piel como de satín. Ellos eran bellos, estaban cubiertos de armaduras, listos para la batalla.

Luego vi a los que jineteaban los caballos. Estos eran ángeles que parecían como de doce o más pies de alto. Ellos tenían hombros muy anchos y llevaban puesto lo que parecían botas del ejército. Atadas a sus rodillas y barbillas había piezas como de metal, éstas cubrían la parte baja de las piernas. Desde sus cinturas hasta las rodillas, llevaban largas túnicas de metal. Ellos tenían corazas de hierro y sus mangas eran de un material que yo nunca he visto antes, pero lucía como plata mezclada con oro. Cada ángel tenía un espada grande en su costado. Las llamas salían de ambos extremos de las espadas. Los ángeles también llevaban cascos como de fuego. Sus rostros estaban cubiertos, pero los cascos tenían orificios por los que podían ver. Fuego salía de sus bocas, sus ojos parecían llamas de fuego. Si los viera en la tierra, usted podría pensar que el mismo diablo le perseguía; sin embargo, yo sabía que venían del cielo para ayudarnos.

Estos ángeles guerreros jineteaban en formación, rango tras rango, tal como lo hace un ejército terrenal que se prepara para la batalla. Era obvio que estaban preparados. Tenían rostros impasibles y poderosos, los ángeles se dirigían hacia la tierra cabalgando en caballos fuertes.

Cuando llegaron a la tierra, el Señor me mostró en visión que los jinetes y los caballos se dirigían a las ciudades. Cabalgaron hacia las calles nocturnas donde los traficantes de drogas, asesinos, prostitutas, salones de homosexuales y clubes nocturnos se encontraban, en las calles de dolores y penas. Los vi entrando a los hogares y otros lugares donde había personas atormentadas espiritualmente. Primero, oré alarmada, "¡oh, mi Señor!" Pero después se me vino a la mente que ellos estaban llevando a cabo una poderosa liberación y no un juicio de fuego. Los vi acercarse a las personas en las calles que estaban espiritualmente atadas y ni siquiera sabían que los ángeles estaban ahí.

En las personas atadas, pude ver espíritus, formas oscuras, como monos o demonios. Esos atormentadores perversos tenían alas en sus hombros. Alrededor de sus cabezas o en sus cuerpos había serpientes. Lo que estaba viendo eran personas reales siendo atacadas por espíritus inmundos invisibles.

Vi a un ángel guerrero enfrentarse a los espíritus inmundos y echar fuera las serpientes. Los ángeles parecían convertir a los espíritus inmundos en ceniza, fuego salía de las manos de los ángeles y parecía cremar a los demonios. Los ángeles también tocaban las cabezas de las personas de la calle y sacaban de sus cabezas cosas opresoras que parecían malévolas. Yo sabía que esos eran espíritus inmundos. Las personas movían sus cabezas en señal de descanso que habían recibido ahí mismo en la calle mientras eran libertadas.

Miré a ángeles guerreros hacer estas cosas en muchos lugares. Por ejemplo, vi a ángeles entrar a un lugar que parecía ser un club nocturno. Ellos se acercaron a un hombre que estaba sentado en la barra, el hombre estaba llorando porque tenía un espíritu oscuro sobre su hombro. Un ángel arrancó el monstruo de este hombre (era más grande que el hombre), y esa cosa fue convertida en ceniza. El hombre movió su cabeza, seco sus lágrimas, se puso en pie, y se encaminó hacia la puerta. El Espíritu Santo me dijo:

Viene un cambio. Viene liberación. Yo libertaré a muchos de las artimañas y de las ataduras del pecado y de Satanás. Verás un gran mover de mi espíritu en las tierras, yo libertare a muchos por medio de las oraciones en los santos. Y te ungiré para este ministerio por qué has clamado por la liberación de estas personas. Haré esto por ti.

Después vi a varios ángeles entrar a hospitales y otros lugares, libertando a las personas de sus enfermedades y padecimientos. Era maravilloso ver las obras poderosas de estos ángeles guerreros. Los demonios huían de ellos. Los demonios temblaban porque sabían que iban a ser destruidos. Por varias semanas, vi esta visión muchas veces. Me veía en ellas y podía ver a los ángeles y la Palabra. La Biblia se abría a veces, y yo podía ver los pergaminos, a la medida que los ángeles ministraban con la palabra Dios y el Espíritu Santo. Dios me mostró que había llegado la liberación a todo el mundo, en el nombre del Hijo, el Señor Jesucristo. ¡Que hermoso era!

En su libro, *Marching Orders for the End Battle* (Órdenes de marcha para la última batalla), Corrie ten Boom escribió acerca de una experiencia en el Congo durante una sublevación rebelde que ilustra mucho más como Dios envía ángeles para libertar a su pueblo:

Cuando los rebeldes avanzaron hacia la escuela donde vivían cientos de niños misioneros, ellos planeaban matar tanto a los niños como a los maestros. Los que estaban en escuela sabían del peligro y empezaron a orar. Su única protección era una cerca y un par de soldados, mientras que el enemigo, que se acercaba más y más, contaba con cientos de personas. Cuando los rebeldes estaban bien cerca, algo repentino ocurrió: ¡Ellos se dieron la vuelta y empezaron a correr! Al día siguiente ocurrió lo mismo, y al tercer día también. Uno de los rebeldes cayó herido y fue a llevado al hospital de la misión. Mientras el doctor vendaba las heridas, él le preguntó al rebelde: "¿Por qué no entraron a la escuela como planeaban?" "No pudimos", contestó el herido. "Vimos cientos de soldados en uniformes blancos y nos asustamos". En África los soldados nunca usan uniformes blancos, así es que debieron haber sido ángeles. ¡Qué maravilloso es que el Señor pueda abrir los ojos del enemigo para que ellos vean a Sus ángeles! Nosotros, como hijos de Dios, no necesitamos verlos con nuestros ojos humanos. Nosotros tenemos la Biblia y la fe, y por medio de la fe vemos las cosas invisibles.

Fuentes de liberación

En otra revelación que Dios me dio, el Espíritu Santo vino como un viento divino. Él comenzó a flotar por los pueblos y las ciudades. A medida que el viento soplaba, bolas de fuego empezaron a aparecer, iban de arriba hacia abajo y por todos lados. Era como si el Espíritu Santo estaba preparando el camino para algo.

Luego vi lo que parecía grandes puertas abrirse en el cielo, y pude sentir el poder de Dios pasar por esas puertas. Parecía como si las puertas fueran el universo y el cielo estuviera por sobre ellas. Por esas puertas salían ángeles de a caballo vestidos para la guerra, tal como lo describí anteriormente. ¡Nuevamente aquí estaban esos guerreros espirituales de los cielos, llenos de la gloria, el poder, la fuerza y la majestuosidad de Dios!

Los ángeles cabalgaron por sobre la tierra por donde había pasado el Espíritu Santo, yo pude ver en los ríos blancos, llenos de luces y gloria que fluían. Estos ríos se movían por las montañas y los valles, eran afluentes y riachuelos de liberación. Por donde éstos pasaban, los demonios huían por millones tratando de escapar de ellos. Los espíritus inmundos corrían y corrían, y mientras más corrían el fuego de las espadas de los ángeles salía y parecía cremarlos.

La Palabra de Dios confirma que el perverso será consumido. Nuevamente, en Malaquías 4:3, Dios dice: *"Hollaréis a los malos, los cuales serán ceniza bajo las plantas de vuestros pies"*. Creo firmemente que Dios tiene que enviarnos ángeles libertadores desde los cielos debido a la abundancia de ataques que enfrentamos de Satanás y sus séquitos.

Permaneciendo libres

En un servicio donde se estaban obrando milagros, entró un joven como de veinticinco años, el joven estaba llorando. El traía una mirada irracional y desesperada. Se podría decir que estuvo tomando y drogándose. El exclamó, "¡Por favor, por favor ayúdenme. ¿Hay alguien que me pueda ayudar? Quiero ser libre. Estoy cansado de esta vida; estoy cansado de esta adicción. Ayúdenme. Ayúdenme!"

La compasión del Señor cubrió la habitación. Llenos de esta compasión, comenzamos a orar por el joven y empezamos a echar fuera espíritus inmundos en el nombre de Jesús. Lo ungimos con aceite. Le ayudamos a repetir la oración del pecador, inmediatamente él comenzó a mover su cabeza. El había sido libertado completamente; cuando se puso en pie, su mirada estaba completamente limpia. Este joven elevó sus manos al cielo y luego comenzó a magnificar y alabar al Señor. ¡Dios lo había transformado completamente en sólo quince minutos!

Entonces un jovencito de doce años se le acercó a este hombre y le dijo, "¿Le puedo decir algo? ¿Sabe usted lo que yo vi cuando estas personas oraban por usted?"

El hombre contestó, "no".

"Vi demonios que salían de usted, y se quedaron alrededor como esperando para volver a entrar en usted. Pero todas estas personas estaban alrededor suyo, orando. Luego miré que un ángel con una espada se acercó y los echó. ¡Ellos no pudieron regresar!"

El joven alabó al Señor, y nosotros estábamos muy contentos porque Dios le había alcanzado, salvado y libertado. Este hombre está ahora entre buenas personas cristianas y asiste a una iglesia.

Dios me ha revelado muchas cosas acerca de la liberación. Algunas de las personas por las que hemos orado realmente querían ser libres, pero seis semanas más tarde, ellas tenían los mismos demonios de lujuria o adicción. Debemos continuar orando por ellas. Debemos aconsejarles. Debemos enseñarles que después que una persona ha sido libertada, ésta no debe involucrarse más en las cosas que antes le ataban.

Si usted quiere saborear la bondad de Dios y el mundo a la misma vez, en su corazón hay un conflicto fatal el cual debe ser resuelto. Es muy importante permanecer limpio después de que Dios le ha cambiado. Busque una buena iglesia que crea en Jesucristo y en Su liberación. Obedezca la Palabra de Dios. Aléjese de las cosas pecaminosas que antes le arrastraban. Manténgase cerca del corazón de Dios.

Estas verdades son esenciales porque si usted ha sido libertado, ¡usted debe desear permanecer en este estado! Usted debe decidir cuál camino tomar. ¿Quiere realmente usted adorar a Jesús y servirle? O, ¿quiere usted seguir las cosas mundanas y al diablo? Si usted ya ha sido libertado de las cosas inmundas, Dios le lleva a un lugar donde usted debe escoger.

Dios es un verdadero libertador, y aquéllos a los que Él liberta realmente lo son (Véase Juan 8:36). Por consiguiente, cuando usted echa fuera a Satanás, diga, "Satanás debes irte en el nombre de Jesús". Cuando los demonios son echados fuera de las personas, los ángeles esperan listos para encadenar y llevarse a estas potestades de maldad. Pero, debemos hacer algo por el Señor a medida que le entregamos nuevamente nuestras vidas.

Él espera que le adoremos, le sirvamos, le alabemos, y que en medio de cualquier situación creamos que Él nos dará la salida. Yo sé y creo que Él lo hará. Todo ministro del Evangelio cree en esto. Cuando lo creamos, Jesús irá por las tierras demostrando Su poder. El Espíritu Santo vendrá y, junto con los ángeles, ministrará en cada servicio a todos aquellos que realmente aman a Dios y guardan Sus mandamientos. Usted verá el mover de Dios en las tierras como nunca antes lo haya visto.

Dios está preparando un pueblo para este movimiento del final de los tiempos. Él busca por un pueblo que confíe en Él y le ame por quien Él es, un pueblo que crea en lo que la Palabra dice. Creo firmemente que Dios está preparándose para hacer grandes y maravillosas cosas en nuestras tierras.

La unción destruye el yugo

En cierta ocasión, durante un servicio en el cual muchas personas venían por oración, empecé a ver, en el Espíritu, una luz blanca mezclada con negro como en un círculo alrededor del cuello de las personas que pedían oración. Entendí que ese círculo representaba una atadura. El Señor me habló y me dijo, "Voy a romper ese yugo; la unción romperá el yugo". Luego recordé que la Biblia dice: *"Acontecerá en aquel tiempo que...el yugo se pudrirá a causa de la unción"* (Isaías 10:27).

A medida que las personas se arrepentían de sus pecados y pedían perdón a Dios, pude ver ángeles ministrando. Con sus manos, ellos rompían el yugo de atadura del cuello de esas personas. El servir a Satanás trae ataduras espirituales como también ataduras naturales. Esas personas estaban bajo atadura espiritual porque habían servido al diablo y al pecado.

Los ángeles de Dios hacen Su voluntad y rompen el yugo por medio de la Palabra de Dios y con el poder del Espíritu de Dios. La razón por la cual las personas dicen: "me siento más liviana; me siento mejor", después que han orado por ellas es porque la atadura ha sido rota en el reino espiritual. Cuando usted está en serio con Dios, cuando usted es genuino y abierto con Él, Él le libertará. ¡Él es quien le liberta!

Lo importante es presentarle al Señor un alma honesta. Segundo, asegúrese de perdonar a las personas que le hayan hecho daño. De acuerdo a la Palabra de Dios, usted debe perdonar a todo aquel le haya hecho daño o le haya herido. La falta de perdón es algo pavoroso. Usted *debe* perdonar para que el Padre celestial le perdone a usted. En Mateo 6:14–5, Jesús dijo:

> *Porque si perdonáis a los hombres sus ofensas, os perdonará también a vosotros vuestro Padre celestial; mas si no perdonáis a los hombres sus ofensas, tampoco vuestro Padre os perdonará vuestras ofensas.*

Liberación del control de Satanás

En cierta ocasión viajaba a otro país, yo sabía que el pueblo de esa tierra adoraba muchos dioses falsos e ídolos. Sin embargo, yo también sabía que Dios amaba las almas de esas personas y quería salvarlas. Mientras estuve ahí, el Espíritu Santo me ungió para profetizar contra sus ídolos y su brujería. Yo sabía y profeticé que la presencia de Dios y Su Palabra llegaron a ese país para salvar hasta el último (Véase Hebreos 7:25). Él ha venido para libertar a los cautivos, a desatar cualquier carga pesada, a quitar las "escamas" de los ojos de las personas para que puedan recibir la verdad de Dios (Véase Isaías 61:1; Hechos 9:1–18).

En el reino espiritual, Dios me permitió ver muchos rostros cuyos ojos y oídos habían sido cerrados. Luego vi un relieve visible de manos que sacaban las escamas de esos ojos y oídos. Aquéllos que fueron libertados movían sus cabezas en señal de libertad. Ellos clamaban de gozo, "Ahora veo. Ahora entiendo". Fue como si las tinieblas hubieran cegado sus mentes, pero cuando Dios los tocó, la ceguera que Satanás había colocado en ellos fue removida. Yo sentí que esta visión significaba que el Evangelio debía llegar a cada nación, a cada país.

En ese mismo país, la esposa de un pastor y yo oramos por muchas horas por espacio de dos día. A la media noche tuve la visión de una carretilla que circulaba por toda la ciudad. Por donde pasaba cortaba las cabezas de miles de serpientes que se esparcían a lo largo del camino. Mientras la carretilla pasaba por los valles matando a las serpientes, yo oraba a Dios y vi el mover del Espíritu Santo.

De repente, miré como si las puertas del mismo cielo se abrieron. Ejércitos de ángeles bajaban en gran majestad. Pude ver las manifestaciones del poder, la gloria y la fortaleza de dios. ¡Él había enviado a Sus ángeles a la tierra para libertar esa ciudad!

Luego vi ángeles entrar en un orificio de la tierra. Desde las oscuras profundidades, ellos sacaron a un monstruo redondo y feo que tenía una cabeza horrible. Primero, ellos encadenaron al monstruo; luego lo halaron para sacarlo. Ese ente era bien largo y había envuelto a toda la ciudad. Había perneado la tierra, las calles, las casas y la atmósfera. Pero el monstruo no tenía salida contra el poder de Dios. Parecía que había pasado horas observando a los ángeles libertando a la ciudad de esa potencia malvada, pero supe que Dios había libertado completamente esa ciudad de los poderes demoníacos.

Le dije a mi amiga, "deberías ver lo que Dios está haciendo por este país". Desde entonces, hemos escuchado buenos reportes de que el Evangelio avanza en esa nación. Cosas maravillosas están ocurriendo, iglesias están siendo establecidas. Pero Dios, en Su misericordia, trató primero con los demonios y libertó al país de la idolatría demoníaca y de la adoración a los ídolos. Dios dice en Su Palabra:

> *Por la bendición de los rectos la ciudad será engrandecida; mas por la boca de los impíos será trastornada.*
> (Proverbios 11:11)

> *La justicia engrandece a la nación; mas el pecado es afrenta de las naciones.*
> (Proverbios 14:34)

> *Abominación es a los reyes hacer impiedad, porque con justicia será afirmado el trono. Los labios justos son el contentamiento de los reyes, y éstos aman al que habla lo recto.* (Proverbios 16:12–13)

> *Jehová vendrá a juicio contra los ancianos de su pueblo y contra sus príncipes; porque vosotros habéis devorado la viña, y el*

despojo del pobre está en vuestras casas.
(Isaías 3:14)

Dios contestará las oraciones e intercesión de aquellos que se consagran a Él, y Él sacará de raíz toda perversidad que esté presente en sus comunidades y naciones.

El poder del nombre de Jesús

Algo que he llegado a esperar, pero que constantemente me sorprende, es la reacción de los ángeles malos, los espíritus demoníacos, cuando los reprendo en el nombre de Jesús. Cuando echo fuera demonios en el nombre de Jesús, veo ángeles abrir la Biblia y lanzarla al rostro de Satanás; la Palabra de Dios viene a ser como una espada que le persigue. He visto a Satanás disfrazado como serpiente, como hombre y como ángel. Cualquiera que sea la forma que tome, siempre reconozco que es el diablo. Cuando el siervo de Dios o Sus ángeles comienzan a hablar la Palabra de Dios, el diablo se retira y deja ir a su víctima. El se va porque la Palabra de Dios viene contra él.

Es importante que mantengamos una relación honesta y cercana con el Señor antes de reprender demonios en el nombre de Jesús. En la Biblia, los hijos de Esceva intentaron usar el nombre del Señor sin tener una verdadera relación con Él:

Pero algunos de los judíos, exorcistas ambulantes, intentaron invocar el nombre del Señor Jesús sobre los que tenían espíritus malos, diciendo: Os conjuro por Jesús, el que predica Pablo. Había siete hijos de un tal Esceva, judío, jefe de los sacerdotes, que hacían esto. Pero respondiendo el espíritu malo, dijo: A Jesús conozco, y sé quién es Pablo; pero vosotros, ¿quiénes sois? Y el hombre en quien estaba el espíritu malo, saltando sobre ellos y dominándolos, pudo más que ellos, de tal manera que huyeron de aquella casa desnudos y heridos. Y esto fue notorio a todos los que habitaban en Efeso, así judíos como griegos; y tuvieron temor todos ellos, y era magnificado el nombre del Señor Jesús.

(Hechos 19:13–17)

El nombre de Jesús no es un artificio. Él es nuestro poderoso Salvador y es digno de ser alabado y honrado. Su nombre no debe ser usado ligeramente. Con todo, cuando usamos el nombre de Jesús con verdadera reverencia y fe, Satanás no puede contra él.

Dios tiene la victoria

Es muy importante recordar que, con respecto a la liberación, Satanás es sólo un ser creado. El no es omnipotente, omnisciente ni omnipresente como Dios es. Nuestro Señor Jesucristo *siempre* es y será más poderoso que el diablo y sus demonios. *"Jesucristo, quien habiendo subido al cielo está a la diestra de Dios; y a él están sujetos ángeles, autoridades y potestades"* (1ra Pedro 3:21–22).

Asimismo, Dios tiene multitudes de ángeles que llevan a cabo Sus obras y planes. Sin importar cuántos demonios tenga el diablo, los santos ángeles de Dios son más. Dios siempre tiene la victoria, y Él dará libertad. *"Jehová, roca mía y castillo mío, y mi libertador; Dios mío, fortaleza mía, en él confiaré; mi escudo, y la fuerza de mi salvación, mi alto refugio"* (Salmos 18:2).

10

Los ángeles y la oración

n este capítulo, quiero mencionar dos áreas en las cuales los ángeles se envuelven en nuestras oraciones: en nuestra adoración y en nuestra intercesión. Cuando entendemos la actividad de los ángeles en respuesta a nuestra oración, seremos instados a orar e interceder por nosotros, nuestras familias y otros que necesitan la ayuda y liberación de Dios.

Actividad angelical en la adoración

Primero, se unen a nosotros en nuestra adoración al Señor. La Biblia dice:

Alabad a Jehová desde los cielos; alabadle en las alturas. Alabadle, vosotros todos sus ángeles; alabadle, vosotros todos sus ejércitos. Alabadle, sol y luna; alabadle, vosotras todas, lucientes estrellas. Alabadle, cielos de los cielos, y las aguas que están sobre los cielos. Alaben el nombre de Jehová;

porque él mandó, y fueron creados.

(Salmos 148:1–5)

En estas visiones y revelaciones que Dios me ha dado, he visto la actividad de los ángeles mientras el pueblo de Dios le adora. Por ejemplo, he tenido las siguientes visiones muchas veces durante los servicios en las iglesias. Mientras diferentes grupos de personas venían a alabar y adorar a Dios, he visto que el Espíritu Santo se mueve sobre la congregación. Súbitamente, arriba del púlpito, detrás del área del coro y entre las cortinas, vi una puerta grande. De esa puerta salían una fila de ángeles agitando sus alas. Ellos estaban vestidos con brillantes túnicas blancas.

Docenas de ángeles salieron de esa puerta y analizaron la situación. Es tan lindo y maravilloso ver a los ángeles en acción. Ellos tenían algo en sus manos, y con ese algo ventilaban el aire como si lo estuvieran limpiando. Luego, una gran nube apareció, en esa nube estaba el trono de Dios. El radiante trono blanco brillaba con diferentes colores alrededor.

También he visto este trono de Dios suspendido en el aire detrás del púlpito donde un ministro ungido predicaba. Los ángeles colocados a ambos lados del siervo de Dios escribían lo que el predicador decía, lo que hacía y cómo él o ella oraban por las personas. Todo era anotado.

En una ocasión, había viajado a Londres para predicar el Evangelio, yo viajaba con mi hermana.

Cuando volvíamos, en el avión me sentí bien cansada porque había ministrado en una cantidad de iglesias y habíamos tenido que tratar con muchas personas, algunas de ellas eran cristianas otras no. Fue un viaje largo de regreso a casa, yo estaba completamente exhausta, de manera que me quedé dormida.

Mientras dormía, fui repentinamente transportada a los cielos. Pude ver lo que parecía ser un gran salón con cortinas como las que nunca he visto antes. Las cortinas formaban un gran círculo, y la parte de arriba estaba recogida como cuando se amarra un globo. El ruedo de las cortinas estaba suspendido, girando en el aire.

Emocionadamente, pensé para mí, *Oh, Dios esto nunca se sueña. Estas son cosas que yo nunca las hubiera imaginado.* Parecía como si creyentes redimidos y ángeles adoraban a Dios y disfrutaban de la confraternidad juntos. El esplendor, la gloria y la riqueza se podía observar por dondequiera. Pensé, *Oh, mi Dios, esto es tan peculiar. Él es tan maravilloso*, y comencé a adorarle.

Un día, en oración, tuve una visión del trono celestial con Jesús sentado en el trono. Él no sufría más ni sangraba, como lo hizo en la cruz; en cambio, Él era alabado por lo que parecían ser millones de ángeles. El trono en el cual Él se sentaba era enorme y bello. Jesús estaba vestido en ropas reales que tenían mangas largas y oro y plata puros entretejidos. Una túnica, hecha de otro tipo de material, le cubría Sus hombros.

Eran las más bellas ropas que haya visto, y tenía un cinto ancho en él.

Cuando vi el rostro de Cristo, miré que Él llevaba puesta una corona mezclada con terciopelo verde, rojo y oro. Diamantes, zafiros y otras joyas brillaban en toda la corona. Me dije, ¡*Señor, que bello*!

Jesús tenía un cetro en Sus regazos, el cual palpaba muy gentilmente. Fuego salía de un extremo del cetro. Jesús me miraba intensamente y sonreía. Yo estaba de rodillas frente a Él, levantando mis manos y alabándole. Luego, Él tomó el cetro y tocó la punta de mi cabeza, bendiciéndome. Miré hacia arriba y Él tocó mi corazón con una llama de fuego. Mientras el fuego avivaba mi corazón, sentí un tremendo amor por Dios.

¡Cuánto amor! ¡Cuánta pureza! ¡Cuánta plenitud! Al inclinarme y alabarle, comencé a adorarle con todo mi corazón. Agradezco a Cristo por esta poderosa visita con el Señor.

Es importante darnos cuenta que nuestra alabanza a Dios es posible sólo a través del sacrificio. Podemos alabar por el sacrificio de Jesús en la cruz, por el cual Él nos ha reconciliado para con Dios y ha restaurado nuestra relación con Él. Además, la alabanza se logra solamente cuando ofrecemos al Señor nuestros propios sacrificios, sacrificios de alabanza. *"Así que, ofrezcamos siempre a Dios, por medio de* [Jesús], *sacrificio de alabanza, es decir, fruto de labios que confiesan su nombre"* (Hebreos 13:15). Debido a lo que Jesús hizo por nosotros, ahora nosotros podemos unirnos a los ángeles y alabarle con gozo:

> *Así ha dicho Jehová: En este lugar, del cual decís que está desierto sin hombres y sin animales, en las ciudades de Judá y en las calles de Jerusalén, que están asoladas, sin hombre y sin morador y sin animal, ha de oírse aún voz de gozo y de alegría, voz de desposado y voz de desposada, voz de los que digan: Alabad a Jehová de los ejércitos, porque Jehová es bueno, porque para siempre es su misericordia; voz de los que traigan ofrendas de acción de gracias a la casa de Jehová. Porque volveré a traer los cautivos de la tierra como al principio, ha dicho Jehová.* (Jeremías 33:10–11)

Actividad angelical en la intercesión

Segundo, los ángeles están especialmente cerca de los santos de Dios cuando ellos oran. Recuerde que los ángeles fueron a Jesús en dos ocasiones para fortalecerle, ¡en ambas ocasiones Él estaba orando! La Biblia nos da esta enseñanza sobre el punto de vista celestial:

> *Otro ángel vino entonces y se paró ante el altar, con un incensario de oro; y se le dio mucho incienso para añadirlo a las oraciones de todos los santos, sobre el altar de oro que estaba delante del trono. Y de*

> *la mano del ángel subió a la presencia de*
> *Dios el humo del incienso con las oraciones*
> *de los santos.* (Apocalipsis 8:3–4)

Muchas veces, en el reino espiritual, he visto ángeles colectando las oraciones de los hijos de Dios en el altar de la iglesia. Ellos las toman y las llevan directo al cielo, donde ellos presentan las oraciones ante Jesús y el Padre celestial. En una ocasión, miré escaleras que subían hasta el cielo y los ángeles presentaban nuestras oraciones a Dios como rayos de luz. Algunos ángeles volaban y otros subían las escaleras; algunos tenían alas, otros no. Asimismo, a veces, he sido despertada e instada a orar y he visto a mi lado un ser espiritual anotando en un pergamino. El ángel anotaba mis oraciones para llevarlas al cielo.

Además de presentar nuestras oraciones en el cielo, los ángeles son mensajeros de Dios que llevan las respuestas a nuestras oraciones. Con frecuencia veo ángeles contestando las oraciones de los hijos de Dios. Voy a compartir con usted algo de lo que he visto porque quiero que usted tenga la misma idea de lo que a mí se me ha dado con respecto al envolvimiento de los ángeles en nuestra intercesión.

Los ángeles y la oración por salvación

Muchas veces, en visión, he visto ángeles que llegan a la iglesia u otro lugar donde yo ministraba, ellos llevaban cruces espirituales. Esas cruces eran inmensas de un blanco puro y simbolizaban sabiduría y poder. Ellas también emitían una luz brillante y de algunas salía fuego. Los ángeles apuntaban esas cruces hacia el reincidente o el pecador en la congregación y las llamas del Espíritu Santo salían de las cruces y envolvían a la persona, la cual comenzaba a temblar. Luego ese individuo se levantaba, se dirigía hacia el altar y se arrepentía.

Los ángeles trabajaban con el Espíritu de verdad y justicia para animar a las personas a entregar sus vidas al Señor. Para mí, siempre es lindo ver esto. El Señor me ha revelado que Él envía Sus ángeles para trabajar con nosotros por las oraciones de las madres, los padres, los hermanos, las hermanas, los pastores, los laicos, los evangelistas y los maestros.

Ver a Dios ejecutando Su obra salvadora en la vida de hombres y mujeres es verdaderamente maravilloso, Sus ángeles están siempre activos promoviendo esta obra. Recuerdo que le pedí a mi vecino, quien también es un intercesor, que orara por mi labor en una ciudad en particular. Este vecino me contestó, "cuando prediques ahí, Dios realmente va a salvar almas en esa ciudad".

Dios me dio una visión que confirma lo que Él iba a hacer. Miré que se abrían los cielos. Una puerta grande se abrió en el cielo y muchos ángeles cabalgando bajaron hasta donde yo estaba. Ellos venían a preparar el camino para la obra de Dios. Me emocioné de ver la obra de Dios en acción. Vi libros abrirse y reconocí los escritos de esos libros. Dios estaba prometiendo el éxito en Su obra. A menudo veo esta misma escena cuando voy a diferentes servicios en diferentes ciudades.

Una noche durante un servicio, estaba predicando sobre el infierno y lo que Dios me había revelado acerca de ese lugar. Les dije a las personas cómo debemos ponernos a cuentas con el Señor, el altar se llenó de gente que pasaba para orar. Miré la gloria del Señor bajar sobre ellos; los brazos de Dios se extendieron para recibirlos.

Esa fue una escena maravillosa. Muchas personas no entienden que una vez que uno se rinde ante Dios, Él está allí para ayudarnos y alentarnos. Él que le llamó le sostendrá. Él le ama tanto que le demuestra Su poderosa misericordia.

En una visión que Dios me dio, vi muchos ángeles que sostenían cruces en sus manos. Ellos colocaban las cruces cerca de las personas que estaban en la reunión, o las colocaban en los hombros de esas personas. Había una cruz inmensa, entendí que esa simbolizaba la cruz de Cristo.

Las personas a las cuales se les había entregado algunas cruces comenzaron a colocarlas al pie de la cruz de Cristo. En el medio de Su cruz había una luz brillante, tal parecía que mientras más se acercaban a Su cruz y luz más cerca estaban de Dios. ¡Vale la pena buscar el rostro de Dios y seguir adelante con Él!

En las visiones, a menudo Jesús dice: "almas, almas, entren", y los ángeles se ponen en acción. Ellos tocaban alguna alma sincera que buscaba de Dios. Algunas de esas personas tenían listones negros, indicando pecado, atados alrededor de ellos. A medida que los ángeles tocaban a las personas durante el servicio, pude verlas levantar sus cabezas y decir, "Oh, Dios, perdóname por favor. Soy un ladrón", o "perdóname; soy un mentiroso", y así sucesivamente. Luego los ángeles tocaban esos listones oscuros de ataduras y los listones se rompían en llamas.

Algunos de los corazones de esas personas eran tan negros como el carbón. Pero al ellos confesar su mentira, estafas, robo, adulterio, brujería o cualquiera que fuera la atadura que tuvieran, eso negruzco parecía hervir en sus corazones. Los ángeles tocaban sus corazones y éstos se volvían bellos y rosados. Esto me recordó la pasaje, *"y quitaré el corazón de piedra...y les daré un corazón de carne"* (Ezequiel 11:19).

Para recibir este tipo de cambio en nuestras vidas, debemos arrepentirnos completamente ante Dios. Debemos volvernos a Dios con todo nuestro corazón, nuestra mente, nuestra alma y nuestro espíritu. Debemos hacer todo esto en el nombre de Jesús.

Los ángeles y la oración por sanidad

Unos cinco años después que el Señor me mostró las revelaciones del infierno y del cielo, uno de mis hijos, el cual era muy joven, cayó enfermo. Yo había estado orando por ellos cuando el Señor me habló diciendo:

Hija, cuando te llevé al infierno, Yo tomé tu mano. Algunas veces pensaste que te había abandonado, pero no lo hice. Yo estaba allí. Te revelé en detalle los tormentos del infierno, pero también te di un gran don para obrar milagros con tu mano izquierda. Ese es un obsequio para ti, especialmente por el sufrimiento y el dolor que has visto. Es Mi don el que puedas ayudar a otros en la tierra. Cuando llegue el tiempo preciso, magnificaré ese don y lo haré manifiesto para sanar al enfermo.

Usa ese don con tus hijos. Úsalo y ora por ellos, y ellos serán sanados.

El don de obrar milagros está enumerado en 1ra Corintios 12, junto a otros dones del Espíritu (Véase versículos 8–10). Comencé a poner en práctica el don que Dios me dio, y Dios empezó a adiestrarme en él; más tarde, vi ángeles entrar a los servicios para ayudarme mientras ministraba con este don.

Dios comenzó a decirme muchas cosas sobre lo que Él quería hacer en mi ministerio con sanidades, señales, prodigios y milagros. Siempre había ángeles ahí, llevando a cabo las órdenes de Dios. Cuando los miraba en mis servicios, les decía a las personas, "Dios quiere sanarlos", y muchas personas eran sanadas. Las señales y los prodigios continúan manifestándose en mis servicios hasta hoy. Veo al Señor haciendo grandes y poderosas cosas. Él sana al enfermo y obra milagros maravillosos. Sé que el día viene cuando Dios derrame más aceite y más poder sobre mí para que yo pueda continuar ministrando para Él, exaltándole y obedeciendo Su Palabra de llevar el mensaje del Evangelio a otras personas de una manera significativa.

Permítame decirle de dos circunstancias en las cuales he sido testigo de los ángeles de Dios participando en sanidades. A veces, cuando un siervo de Dios ora por un niño que está gravemente enfermo, veo ángeles con pergaminos y bolígrafos en la habitación, ellos escriben lo que el ministro dice. Por favor, entienda, estos niños son demasiados pequeños como para aplicar la fe en esas situaciones. El ministro ejecuta la fe a favor del niño, creyendo que será sanado por medio de la Palabra de Dios y el Espíritu. Puede que él o ella oren: "¡En el nombre de Jesús y por Sus llagas, este niño es sano. Espíritu de enfermedad, vete. Tomo control sobre ti en el nombre de Jesús!" He podido ver que cuando el ministro coloca sus manos en la cabeza del niño y lo unge con aceite, orando de acuerdo a la Palabra de Dios (Véase Santiago 5:14–15), un ángel impone manos en las piernitas del afligido. A veces, otros ángeles sólo están ahí, quizás como apoyo a la sanidad.

La segunda circunstancia fue una muy personal. El 3 de mayo de 2001, mi hijo Scott tuvo un ataque masivo de convulsiones. En ese entonces, yo estaba en Michigan predicando el Evangelio, me hospedaba en casa de mi hermana. Yo no sabía que Scott había sufrido un ataque masivo de convulsiones, pero tuve una visión de ángeles que bajaban del cielo y se preparaban para hacer algo en la tierra. Ellos eran ángeles poderosos, guerreros. Entonces, mientras subía las escaleras de la casa de mi hermana, escuché claramente las palabras, *"Yo soy la resurrección y la vida"* (Juan 11:25).

Pocas horas más tarde, mi hija Teresa llamó para dejarnos saber del ataque masivo que Scott había sufrido. Ella dijo que los paramédicos lo habían llevado al hospital, pero no sabía a cuál. Mientras trataba de ubicar a mi hijo, todavía no sabía toda la historia y la terrible cosa que le había ocurrido.

Llamé a algunas personas en Michigan y en otros estados y les pedí oración. Un hombre en Michigan, quien tenía el don de profecía me llamó y dijo, "Mary, quiero decirte lo que vi. Vi a tu hijo en visión, y vi a Dios conectando su alma y su espíritu con su cerebro. Vi su cerebro y vi al Señor sanandoa a este chico". El comenzó a profetizar y a orar.

Este hombre es un buen amigo mío, y cuando él había terminado de orar le dije, "hermano, sé que eres un profeta, un hombre de Dios, pero no creo que la situación de Scott fue tan trágica. Creo que fue un ataque leve".

Le relato esta historia para que usted sepa lo importante que es creer en Dios y servirle a Él, guardar Sus mandamientos y saber que Él es la Palabra de Dios. Él es el Sanador y Libertador. Él es el mismo Dios *"ayer, y hoy, y por los siglos"* (Hebreos 13:8).

Cuando finalmente contacté a Scott, le pregunté, "hijo, ¿cómo estás? ¿Qué te pasó?" Apenas si podía hablar y comenzó a contarme que había sufrido un terrible ataque y que había sido hospitalizado. El había llegado a casa como a las cuatro de la mañana ese día. Le dije, "realmente debes alabar a Dios porque no moriste".

El contestó, "mamá, si morí".

"¿De qué hablas?", le pregunté. "¿Qué pasó?"

Scott me contó que él estaba por salir a comprar víveres cuando de repente sintió mucho dolor en su hombro. Fue en ese momento cuando tuvo el ataque, eso es todo lo que él recuerda. Cuando despertó, ya estaba en el hospital. Los paramédicos le dijeron que cuando ellos llegaron él no respiraba y no mostraba signos vitales. Ellos dijeron haberle revivido con choques eléctricos y otros procedimientos de emergencia y luego le llevaron al hospital.

Los paramédicos estaban sorprendidos de la condición de Scott porque, dada la seriedad del ataque, su cerebro debió haber muerto o necesitar máquinas para vivir. Pero por milagro de Dios, Scott fue revivido en el preciso momento cuando yo escuché la voz de Dios decir, *"Yo soy la resurrección y la vida"* (Juan 11:25). Aparentemente, los ángeles guerreros que en visión había visto bajar del cielo, habían venido a luchar por la vida de Scott.

Los ángeles y la oración por milagros

Cuando vivía en Michigan, tenía un servicio de oración en mi hogar. Un día al salir de la casa para hacer unas diligencias en la ciudad con varios creyentes que habían estado conmigo en el servicio de oración, una tormenta se formó rápidamente y comenzó a llover recio.

Al llegar a los automóviles, los vientos y la lluvia parecían empeorar, así que nos sentamos en los autos y empezamos a orar en el Espíritu. Súbitamente, escuchamos sirenas y vimos una ambulancia. Nosotros supimos que algo había ocurrido, tal vez un accidente automovilístico, así que procedimos con precaución hacia la tienda y completamos nuestras diligencias.

Íbamos a tomar una ruta diferente para regresar, cuando vimos las luces de otra ambulancia. Había habido un accidente automovilístico. Al lado de la carretera vimos una camilla con alguien en ella. Una sábana blanca cubría a la víctima, así supimos que la persona había muerto. La policía nos detuvo para esperar a un lado de la carretera mientras sacaban a otras personas de la colisión. Todavía llovía mucho.

Mientras esperábamos, el Espíritu Santo cayó sobre nosotros y nos movió a oración. Mientras orábamos bajo la dirección del Espíritu, comenzamos a pedir que la vida fuera devuelta a la víctima. A medida que el Espíritu Santo nos guiaba, remitimos los pecados de la persona en el nombre de Jesús (Véase Juan 20:23). En pocos minutos, vimos que la sábana blanca se levantó. La persona en la camilla levantó sus manos y se quitó la sábana de encima.

Los paramédicos se dieron vuelta a la misma vez, vieron lo que estaba ocurriendo y corrieron a asistir al hombre herido. Uno de los paramédicos estaba contento porque Dios le había devuelto la vida a la víctima. Nosotros nunca tocamos al hombre, pero los ángeles sí. Nosotros no salimos de nuestro auto, pero la Palabra de Dios fue puesta en acción para salvar la vida de esa persona.

Los ángeles y la oración por liberación

Hace algunos años, mi familia pasaba por un tiempo muy difícil. Uno de nuestros familiares había desaparecido y no había sido visto por casi seis meses. Nadie podía encontrarlo. Esta fue una de las crisis más difíciles que mi familia ha tenido que enfrentar. Teníamos que creer en Dios con todo nuestro ser. Además de esta crisis, otras cosas nos ocurrían. Tal parecía como si el viejo enemigo nos martillaba primero por un lado y luego por el otro.

Estoy segura que usted comprende cuán difícil fue para nosotros porque tal vez usted ha pasado por experiencias similares. Quizás el diablo está azotando su cuenta bancaria, tomando el dinero que no le pertenece, y usted se pregunta en qué se gastó todo. Tal vez, él está provocando que sus automóviles se averíen o que sus electrodomésticos dejen de funcionar. Cuando él no está ocupado en eso, le está demandando por algo. Todo en su vida parece una insurrección porque siempre hay algún problema. Eso precisamente era por lo que nosotros estábamos pasando. Los problemas y las dificultades eran constantes en nuestra familia en ese momento de nuestra vida. Yo pensé, *"Señor, ¿acaso no he orado lo suficiente? ¿Acaso no me he mantenido en la Palabra lo suficiente?"* Fui a Dios en oración porque estaba profundamente abatida por las situaciones que estaban pasando.

Durante esos momentos difíciles, el Señor enviaba a Sus ángeles y Su paz nos llenaba. Dios nos prometió paz, liberación y ayuda (Como ejemplo de esto, véase Juan 14:27; Salmos 34:7; Isaías 41:10, 13–14). De manera que empezamos a afianzarnos en la Palabra de Dios, no importando cuan duro nos atacara la ola.

Un día, yo tenía que ser la fuerte; otro día era la débil y uno de mis hijos era el fuerte. Era maravilloso ver los ángeles de Dios ministrándonos. Alguien con el don de profecía me llamaba, o algún amigo me llamaba, o yo les llamaba, y nos alentábamos mutuamente en el Señor. Es tan importante que nos alentemos mutuamente, especialmente durante los momentos difíciles.

216

En medio de esta prueba, tuve una poderosa visión en la cual Dios me aseguró que Él es el Libertador. ¡La visión parecía durar por horas! ¡Era una revelación de cómo el Señor lleva liberación a las tierras por medio de Sus ángeles! En la visión, observé que ángeles entraban en las casas. Esas casas lucían como si estuvieran en el bosque, estaba todo oscuro alrededor.

Súbitamente, vi brujas y brujos en sesiones de espiritismo. También miré adoradores del diablo. Luego vi los ángeles de Dios que estremecían los lugares donde aquéllos estaban. Cuando los ángeles hicieron eso, las brujas, los brujos y los adoradores del diablo salían de esos lugares. Entraban en sus autos y huían atemorizados del Señor. Fue maravilloso ver eso.

He tenido estas visiones muchas veces en los últimos quince años, más o menos. Últimamente la he tenido un par de veces al año, normalmente cuando estoy en mi oración intercesora. Sé que Dios es el Libertador y que Él envía Sus ángeles a Sus hijos en diligencias de misericordia. Él intervino en la situación que mi familia enfrentaba. Nuestro familiar fue hallado, aunque había estado enfermo, ¡Dios le restauró su salud!

En otra ocasión, me encontraba en profunda oración y meditación. Mientras ministraba en el servicio de la noche, miré ángeles por todos lados. Cada ángel tenía una espada dorada en su mano. El Espíritu del Señor me habló claramente con una voz inconfundible:

Hija, cuando llega el momento de orar por las personas, Yo quiero sanar ciertos problemas físicos. Quiero que esto sea una señal de tu ministerio de que el testimonio que te di del infierno es real. Te he dado Mi palabra de que enviaré señales y prodigios y obraré milagros a medida que el Evangelio del Señor sea predicado.

¡Me emocioné mucho! En mi espíritu pude ver un ángel con un gran libro escribiendo las cosas que yo predicaba. El cielo raso parecía abrirse y pude ver una visión del trono de Dios. Los ángeles se regocijaban y adoraban a Dios.

Cuando llegó el momento de llamar al altar, vi ángeles yendo hacia la congregación, tocando a las personas para que fueran al altar y entregaran su corazón al Señor. Cuando los ángeles tocaron los corazones de esos individuos, los vestigios oscuros comenzaban a derretirse en sus corazones a medida que ellos se arrodillaban y oraban a Dios. ¡Era tan bello ver a Dios obrando en sus vidas!

En el Espíritu, pude ver cadenas alrededor de estas personas. Cuando ellas recibían el perdón, los ángeles parecían romper las ataduras, romper las cadenas y reprenderles. Los listones se rompían a medida que las personas levantaban sus manos y confesaban sus pecados ante el Señor.

Sollozos y clamores se escuchaban de esas almas que estaban siendo libertadas. Era maravilloso. En muchos servicios en todo el mundo, Dios obró grandes milagros comos estos, y asombrosas liberaciones ocurrieron. Alabo a Dios por Sus señales, prodigios y milagros. Sé que los ángeles me ayudan en el ministerio que el Señor Jesucristo me ha dado.

Un día, me encontraba orando cuando el Señor comenzó a hablarme acerca de las revelaciones que Él me daría:

Mi hija, debes aprender que muchas veces te daré una visión y lo que te muestro no está en el presente frente a ti. Eso será algo futuro u ocurrirá en alguna otra parte del mundo. Se te dio la visión para que intercedieras. Escúchame y te daré instrucciones de cómo orar.

Algunas veces, las personas reciben una revelación y piensan que lo que ven está ocurriendo ahí, a la par de sus camas. Ellas piensan que lo que están viendo está ocurriendo en sus habitaciones, pero no es así. Yo soy un Dios santo y protejo a Mis hijos. Te estoy revelando verdades y misterios para que tú las reveles al undo.

Te estoy mostrando las obras del enemigo, Satanás, para que ores; y que la sangre que derramé, la sangre del pacto, venga a detener esos canales y avenidas del diablo.

¡Estaba tan emocionada, que le contesté, "está bien, Señor"!

El tiempo pasó y un día, me encontré en Phoenix predicando el Evangelio. Algunos de nosotros habíamos estado en oración intercesora por la ciudad. Habíamos orado y nos retiramos a dormir, pero yo me desperté a las tres de la mañana. Me sentí como si hubiera estado despierta por horas.

Miré al cielo raso y pude ver algo que se aparecía ante mis ojos. Una manifestación de un objeto espiritual traspasó el techo volando como en un círculo. En un extremo del objeto, pude ver una pequeña abertura que medía unos ocho por doce centímetros. Vi que ese pequeño orificio era una puerta.

Mientras miraba por la puerta, pude ver a una bruja con una bola de cristal sobre una mesa. Yo sabía que ella podía ver por la bola de cristal hasta donde me encontraba. También supe que Dios me había permitido mirar lo que estaba viendo y que Él le había permitido a ella hacer esto para así enseñarme a orar. Contemplé este escenario muy rápidamente. Después se cerró la puerta y el objeto desapareció de la habitación.

Me levanté y le dije, "Señor, ¿qué fue eso?" Dios me contestó:

Te estoy mostrando la estrategia contra el diablo. Muchas brujas y brujos trabajan para el diablo en esta área y ellos tienen esas bolas de cristal. Ellos han encontrado la forma de viajar por el aire y espiar la tierra en ciertas áreas donde Mi sangre no provee protección. La protección de Mi sangre puede obtenerse sólo por medio de la oración y creyendo en Mí y en el pacto de Dios. Muchos no creen en Mi protección como tú crees.

Cuando mi justicia cubre a mis hijos y ellos viven vidas santas delante de Mi, cuando ellos hacen lo mejor que pueden, Mi pacto, la Expiación, les cubre a ellos y a sus familias. No importa dónde ellos estén, no importa dónde estén sus hijos, un revestimiento de protección les rodea.

Muchos no creen en esto, pero Yo sé que tú sí crees. Te lo he probado muchas veces con tus hijos y tu familia. Muchas veces, Yo he salvado a tu familia de cosas dañinas que se cruzan en sus caminos.

Mi pacto, la expiación por la sanidad del cuerpo, la sangre que derramé hace más de dos mil años, todavía está vigente hoy. Mi promesa de pacto es para ti y tus hijos.

Lo que te estoy revelando es un mensaje para que lo trasmitas a otras personas. Esto es para proteger al inocente y al culpable. Mi deseo es salvar al culpable y al débil. Esto es lo que deseo y es por esa razón que Te estoy diciendo esto, para que se lo digas al mundo.

El objeto que viste, que parecía un brazo con una abertura, y la pequeña puerta al frente del mismo, era un pasadizo de la bola de cristal hacia el reino espiritual en el cual tú estás en esta casa.

Te permití ver esto que surcaba en la atmósfera para enseñarte a orar. Observa cuidadosamente y Te mostraré algo más.

Entonces, Dios me mostró lo que parecía una enorme pantalla de televisión. Vi el rostro de una mujer, el cual reconocí como si la hubiera visto en persona. Ella estaba claramente visible, y volaba sobre la bola de cristal y gritaba a gran voz. El diablo, rugiendo y gritando, entró al lugar donde ella se encontraba. "¿Por qué permitiste que te viera?", le gritó Satanás. "¿Por qué permitiste que te viera?"

La mujer y el diablo empezaron a contender. Esto les llevó a más disputa y gritos. Escuché al diablo decirle a esta mujer perversa que *ella* (o sea, yo) era boca suelta y que *ella* les contaría a todos. El diablo, con tamaño enorme, se aferró a la pared y comenzó a gritar y a rugir de enojo. Luego salió por la puerta; súbitamente el Señor me habló:

¡Clama por Mi sangre! ¡Clama en el nombre de la sangre de Jesús! Clama por la sangre que derramé. La vida y el poder de la sangre de Jesús que fue derramada hace más de dos mil años nunca ha perdido su poder sobre las bolas de cristal que están en los pasadizos del reino espiritual del pecado; ella puede cerrar esas puertas.

Hice tal como el Señor me ordenó porque creo en Él. Cuando comencé a orar, vi fuego mezclado con sangre. Miré vapores de humo. Vi el poder de Dios salir por la atmósfera y explotar en la bola de cristal de esa mujer. Ella gritó y corrió por toda su habitación; cuando el poder de Dios azotó nuevamente, ella salió de la habitación.

El Señor me dijo, "ora por cada área a donde Te envío así como lo has hecho aquí. Ora en este momento por los otros que tienen esas bolas de cristal".

Así que, oré por mucho tiempo. Él me enseñó cómo orar. Por medio de las Escrituras, Sus ángeles me enseñaron a orar, a atar y desatar (Véase Mateo 18:18), a clamar Su preciosa sangre y a confiar en la Palabra de Dios. Cada vez que hago esto, hay gran liberación entre las personas. En el reino espiritual veo a ángeles dispersar muchos de los enemigos del pueblo de Dios. En una visión, vi lo que parecía ser diez mil dispersos a la vez.

Miré personas libertadas las cuales estuvieron en ataduras sobrenaturales. Era como si cordeles y vides hubieran nacido en ellos, pero cuando el fuego les tocó, los grilletes explotaron. Supe, entonces, que Dios me mostraba estas poderosas revelaciones por medio del poder de Su Espíritu Santo. Pensé, *Dios, eres un Dios maravilloso.*

Luego vi la paloma del Espíritu Santo volar por los cielos. Dios comenzó a llamar a las personas por medio de Su Espíritu. Las personas comenzaron a venir al Señor, yo estaba muy contenta y emocionada de ver las bendiciones y el gozo del Señor. Realmente empecé a entender que estamos en una guerra espiritual donde lo bueno pelea contra lo malo.

Las oraciones de los creyentes

Agradezco a Dios por estas revelaciones y por los ángeles que he visto. Creo que Dios quiere que comprendamos que las oraciones de los creyentes son muy importantes. Somos llamados a orar. Con todo, no deberíamos orar sólo una vez al día y luego olvidarnos de orar. Cuando el Espíritu Santo nos mueve a orar, debemos hacerlo inmediatamente, no importando dónde estemos. Pablo enseñaba que debemos orar *"sin cesar"* (1ra Tesalonicenses 5:17).

Por medio de las oraciones de los que creemos en Su Palabra, Dios comisiona a Sus ángeles para venir y trabajar con nosotros, así Él trae salvación, sanidad y liberación a las personas. Permita que las palabras del Señor a Jeremías, cuando éste estaba en el exilio, le sirvan de aliento mientras usted ora por usted y por los demás:

Porque yo sé los pensamientos que tengo acerca de vosotros, dice Jehová, pensamientos de paz, y no de mal, para daros el fin que esperáis. Entonces me invocaréis, y vendréis y oraréis a mí, y yo os oiré; y me buscaréis y me hallaréis, porque me buscaréis de todo vuestro corazón. Y seré hallado por vosotros, dice Jehová, y haré volver vuestra cautividad, y os reuniré de todas las naciones y de todos los lugares adonde os arrojé, dice Jehová; y os haré volver al lugar de donde os hice llevar. (Jeremías 29:11–14)

11

Significado de los ángeles

Estoy muy agradecida al Señor por haberme ungido como Su sierva y haberme permitido ver estas visiones sobrenaturales para poder comunicar el mensaje que Él quiere que Su pueblo sepa. Ya he compartido con usted una parte de las cosas que he encontrado en las revelaciones que Dios me ha dado. Pero quiero asegurarle que la función de los ángeles de Dios la encontramos en Su Palabra ¡y es maravillosa!

El propósito de este libro es para alentarle en la fe. El estudio de los ángeles nos provee con una tremenda oportunidad para conocer mejor a Dios y Sus caminos. Mientras aprendemos acerca de los ángeles, no debemos poner nuestro enfoque en esos seres celestiales sino en el Dios Todopoderoso y en el poder y la gracia que Él manifiesta por medio de Sus siervos, los ángeles. Nuestro conocimiento sobre los mensajeros especiales de Dios y de cómo Él obra por medio de ellos puede ayudarnos a aclarar nuestras dudas, solidificar nuestras creencias, consolar nuestras penas y darnos paz. El ministerio de los ángeles a favor nuestro revela que Dios nos ama y obra continuamente para ayudarnos. ¡Qué consuelo y gozo nos trae ese conocimiento!

Uno de los mensajes de *Una revelación divina de ángeles* es que Dios tiene ángeles que cuidan de toda necesidad que usted tenga. Puede que usted no los vea, pero Dios envía Sus ángeles delante suyo, detrás suyo, a la par suya y para servir como tierra sólida bajo sus pies. Hay huestes y legiones de ángeles que Él puede enviar para darle fortaleza o llevarle cualquier otra bendición que usted necesite. ¡Crea lo que Dios dice en Su Palabra! ¡Él se preocupa por usted! *"Echando toda vuestra ansiedad sobre él, porque él tiene cuidado de vosotros"* (1ra Pedro 5:7).

Otro mensaje de este libro es que la Palabra de Dios y los ángeles siempre están en acción cumpliendo Sus propósitos. Dios continuamente lleva a cabo Su plan de salvación, redención y juicio para el mundo. Él quiere que tengamos esto presente y que participemos en Sus propósitos con Él. ¿Cómo podemos lograr esto? Los ejemplos bíblicos de las funciones y naturaleza de los ángeles, y, las visiones y revelaciones que he compartido con usted revelan estas verdades importantes, entre otras cosas, de amar y servir a Dios.

La importancia de la alabanza

La adoración de los ángeles hacia Dios acentúa Su majestuosidad. Los ángeles son ejemplos para todos nosotros de cómo debemos dar reverencia a Dios y adorarle. Mientras el cielo y todo el universo hacen eco de las alabanzas de los ángeles de Dios, recordemos siempre honrar y adorar a Dios nosotros también. El cielo nos da el siguiente modelo para nuestra adoración:

> *Y los cuatro seres vivientes tenían cada uno seis alas, y alrededor y por dentro estaban llenos de ojos; y no cesaban día y noche de decir: Santo, santo, santo es el Señor Dios Todopoderoso, el que era, el que es, y el que ha de venir. Y siempre que aquellos seres vivientes dan gloria y honra y acción de gracias al que está sentado en el trono, al que vive por los siglos de los siglos, los veinticuatro ancianos se postran delante del que está sentado en el trono, y adoran al que vive por los siglos de los siglos, y echan sus coronas delante del trono, diciendo: Señor, digno eres de recibir la gloria y la honra y el poder; porque tú creaste todas las cosas, y por tu voluntad existen y fueron creadas.*
>
> (Apocalipsis 4:8–11)

¡Amén y amén! ¡Bendito sea el Señor, Dios Todopoderoso!

La importancia de creer

Segundo, el aprender sobre el ministerio de los ángeles a favor nuestro debe darnos confianza en el amor y el poder de Dios y alentar nuestros corazones de que Dios está con nosotros, no importa por lo que estemos pasando. Recordemos las palabras de Salmos 91:14–15:

> *Por cuanto en mí ha puesto su amor, yo también lo libraré; le pondré en alto, por cuanto ha conocido mi nombre. Me invocará, y yo le responderé.*

Debemos confiar en Dios en todo y concentrarnos en amar y servirle porque Él es digno de toda nuestra confianza. Hebreos 11:33–35 nos insta que los santos de los tiempos bíblicos

> ***Por fe** conquistaron reinos, hicieron justicia, alcanzaron promesas, taparon bocas de leones, apagaron fuegos impetuosos, evitaron filo de espada, sacaron fuerzas de debilidad, se hicieron fuertes en batallas, pusieron en fuga ejércitos extranjeros. Las mujeres recibieron sus muertos mediante resurrección; mas otros fueron atormentados, no aceptando el rescate, a fin de obtener mejor resurrección.* (énfasis adherido)

Primera de Pedro 1:5 dice que somos *"guardados por el poder de Dios mediante la fe, para alcanzar la salvación que está preparada para ser manifestada en el tiempo postrero"*. Pongamos en práctica esa fe en nuestra vida diaria para que cumplamos con todo lo que Dios quiere hacer por medio nuestro en los ministerios y dones que Él nos ha dado para edificar Su reino.

La importancia del discernir

El presente "furor de ángeles" y las falsas ideas acerca de los ángeles, las cuales se propagan tanto en los círculos religiosos como no religiosos, nos muestran la importancia de usar discernimiento en lo que respecta al uso de los dones espirituales y encuentros con seres espirituales. Debemos siempre tener presente que el diablo es capaz de transformarse en *"ángel de luz"* (2da Corintios 11:14) para engañarnos. Por consiguiente, debemos llenar nuestros corazones y mentes con la Palabra de Dios cuando probamos los espíritus.

No seamos niños fluctuantes, llevados por doquiera de todo viento de doctrina, por estratagema de hombres que para engañar emplean con astucia las artimañas del error, sino que siguiendo la verdad en amor, [debemos crecer] *en todo en aquel que es la cabeza, esto es, Cristo.* (Efesios 4:14–15)

Amados, no creáis a todo espíritu, sino probad los espíritus si son de Dios; porque muchos falsos profetas han salido por el mundo. En esto conoced el Espíritu de Dios: Todo espíritu que confiesa [reconoce, NVI] *que Jesucristo ha venido en carne, es de Dios; y todo espíritu que no confiesa [reconoce, NVI] que Jesucristo ha venido en carne, no es de Dios; y este es el espíritu del anticristo, el cual vosotros habéis oído que viene, y que ahora ya está en el mundo.*

(1ra Juan 4:1–3)

La importancia de obedecer

Como ya he escrito, Dios quiere que derribemos los altares inmundos en nuestras vidas para así edificar altares de santidad ante Él a medida que hacemos un nuevo compromiso de amarle y servirle a Él. Esto significa que debemos arrepentirnos de nuestros pecados, venir ante Dios en humildad y pedirle que nos limpie y nos restaure por medio de Cristo. Debemos tener presente que Su juicio viene para el mundo. Permitámosle disciplinarnos, purificarnos con Su fuego y limpiarnos con Su santa Palabra.

En una ocasión, mientras oraba, un ángel me trajo esta visión. Miré dos rostros espirituales inmensos, el uno viendo al otro, cara a cara. Los rostros no tenían cuerpos; eran rostros solamente. Entonces, uno de los rostros besó en los labios suavemente al otro rostro. Pensé en la Palabra de Dios: *"La misericordia y la verdad se encontraron; la justicia y la paz se besaron"* (Salmos 85:10). En libro de los Salmos, Dios dice mucho acerca de la misericordia y la verdad:

Porque Jehová es bueno; para siempre es su misericordia, y su verdad por todas las generaciones. (100:5)

Mas tú, Señor, Dios misericordioso y clemente, lento para la ira, y grande en misericordia y verdad. (86:15)

Justicia y juicio son el cimiento de tu trono; misericordia y verdad van delante de tu rostro. (89:14)

Todas las sendas de Jehová son misericordia y verdad, para los que guardan su pacto y sus testimonios. (25:10)

El enviará desde los cielos, y me salvará de la infamia del que me acosa. (57:3)

Luego el ángel me llevó al pasado y el Señor me mostró otra visión que ya había visto unos años atrás. Dios estaba sentado en Su trono. Esta vez, no vi a Dios; solamente el relieve de Dios. Miré la gloria y el fuego de Dios en el relieve de una figura sentada en un gran trono en algún lugar del universo. En cada una de Sus manos, Sus manos inmensas, estaba un cordel y un objeto redondo.

No pude ver en dónde se ataban los cordeles, pero estaban en Sus manos, y él trataba de conectarlos. Parecía como si estos dos objetos tenían un juego de cuerdas. Cada vez que quedaban muy cerca, parecía como si algo luchaba contra Él y algo halaba los objetos en direcciones opuestas. Cuando Él estaba a punto de unirlos, una fuerza invisible siempre se le oponía.

Posteriormente, miré rostros en los extremos de los dos objetos redondos, éstos eran los mismos rostros que había visto en la otra visión, misericordia y verdad. Comencé a entender que, en esta visión simbólica, Dios estaba tratando de unir a la misericordia y la verdad en nuestros corazones. Dios desea que le alabemos con integridad. Jesús dijo:

> *Mas la hora viene, y ahora es, cuando los verdaderos adoradores adorarán al Padre en espíritu y en verdad; porque también el Padre tales adoradores busca que le adoren. Dios es Espíritu; y los que le adoran, en espíritu y en verdad es necesario que adoren.* (Juan 4:23–24)

Dios quiere que nuestros corazones y nuestras mentes sean limpios. En la visión, los ángeles parecían alentarme en esta verdad. Súbitamente, este pasaje vino a mi mente: *"Amarás al Señor tu Dios con todo tu corazón, y con toda tu alma, y con todas tus fuerzas, y con toda tu mente"* (Lucas 10:27). Pensé,

> Oh, Señor, el enemigo está plantando tanta incredulidad y duda en Tu cuerpo alrededor del mundo. Es casi como si, cuando Tú logras unir nuestros corazones, algo ocurre que se lleva parte de la verdad o misericordia que nos has dado. Es por esta razón que debemos escudriñar Tu Palabra y creer en ella, no importando lo

que nos venga. No importa lo que pensemos en oposición a Tu Palabra, debemos seguir adelante y creer Tu Palabra.

Verdaderamente, cuando la misericordia y la verdad se encuentran, ¡qué precioso y maravilloso es el Señor! Dios nos llama a compartir un lugar especial con Él. A medida que usted se entrega a Él y vive una vida santa (Véase 1ra Tesalonicenses 5:23), ¡Él le verá a usted con poder y Sus ángeles irán con usted continuamente!

Una vez mientras oraba en preparación para predicar en un servicio, vi muchos ángeles grandes en el cielo. Ellos trabajaban diligentemente en alguna tarea. Me pareció que ellos estaban halando una vid tipo cordel por medio de una puerta que llevaba al cielo.

Unas puertas se abrieron en el cielo y la vida pasó por una de las puertas hasta una mesa. Muchos ángeles estaban sentados a la mesa examinando la vid. Si encontraban lugares dañados en ella, ellos tomaban un cuchillo grande y cortaban la parte contaminada antes de que hiciera mayor daño. Pensé en cómo Dios nos poda y recordé las palabras de Jesús:

> Yo soy la vid, vosotros los pámpanos; el que permanece en mí, y yo en él, éste lleva mucho fruto; porque separados de mí nada podéis hacer. El que en mí no permanece, será echado fuera como pámpano, y se secará; y los recogen, y los echan en el

fuego, y arden. Si permanecéis en mí, y mis palabras permanecen en vosotros, pedid todo lo que queréis, y os será hecho. En esto es glorificado mi Padre, en que llevéis mucho fruto, y seáis así mis discípulos.

(Juan 15:5–8)

La vid del Señor cubre la tierra. Algunas personas son injertadas en ella, pero algunas son podadas. Es muy importante para nosotros amar al Señor y guardar Sus mandamientos lo mejor que podamos. Es esencial que le obedezcamos, sin importar cuánto Él nos pide hacer.

Tome ánimo en la obra que realiza para Dios. El saber que los ángeles están alrededor suyo para ayudarle y darle aliento le dará ánimo para escuchar de Dios. A medida que es fortalecido en la obra de Dios, Él comenzará a revelarle cosas especiales. Los ministros del Evangelio deben creen que mientras Jesús obra por medio del Espíritu Santo y las manifestaciones de poder, los ángeles se hacen presente para ministrar en los servicios y a los siervos que realmente aman a Dios y guardan Sus mandamientos.

Obedézcale y verá más del mover de Dios en la tierra como nunca antes lo haya visto. Dios busca personas que le amen lo suficiente como para obedecerle y confiar en Él por quien Él es, personas que crean lo que la Palabra dice. Él está preparando a esas personas. Es por Su voluntad que nos acercamos a Él. Dios se está preparando para hacer grandes y poderosas cosas en nuestra tierra. Tenemos mucho por hacer antes de que Jesús venga otra vez.

La hora ha llegado para que nos preparemos para recibir el mover de Dios como nunca antes lo hemos visto. El Señor imparte Sus dones a Su pueblo. Él los da abundante y liberalmente a los Suyos. Los preciados dones de Dios son para todo el pueblo santo de Dios para que éstos a su vez puedan adiestrar a otros a cumplir la obra del Señor. Creo que Él está preparando a todos los que se abren a Él, para que ellos enseñen a las personas y les ayuden a entender cuánto Dios les ama.

La importancia de perseverar

Dios es santo, los ángeles escogidos perseveraron en amarle y servirle a Él aunque Satanás y los otros ángeles se rebelaron contra Él. Ellos son modelo de nuestra eterna devoción a Dios y a Sus caminos. Tomemos este ejemplo y perseveremos en nuestra dedicación, lealtad a Dios y en nuestro trabajo por Él. La Biblia nos asegura que:

> *Dios no es injusto para olvidar vuestra obra y el trabajo de amor que habéis mostrado hacia su nombre, habiendo servido a los santos y sirviéndoles aún. Pero deseamos que cada uno de vosotros muestre la misma solicitud hasta el fin, para plena certeza de la esperanza, a fin de que no os hagáis perezosos, sino imitadores de aquellos*

que por la fe y la paciencia heredan las promesas. (Hebreos 6:10–12)

Recuerde lo que ocurrió cuando Jesús luchó contra Satanás en una lucha titánica durante la tentación del desierto. Solo, Jesús enfrentó Su tentación, Él citó la verdad de las Escrituras al enemigo y derrotó a Satanás. Fue *entonces* que los ángeles bajaron a ministrarle.

De la misma manera, usted y yo a menudo tenemos que enfrentar nuestras tentaciones sin ninguna ayuda humana. Muchas veces no tenemos a nadie que nos acompañe en la hora crucial. Pero, la Palabra de Dios nos deja saber que el Señor nunca nos deja, que la batalla está ganada y que seremos ministrados por Sus ángeles. ¡Qué preciosa lección podemos aprender! No pasamos por días oscuros y tiempos de prueba en vano. Dios nos dará la liberación y enviará a Sus ángeles para fortalecernos y alentarnos. ¡Bendito sea Dios!

La importancia de orar

Finalmente, en el capítulo diez, vimos la función de los ángeles en contestar nuestras oraciones, también vimos la importancia de nuestra intercesión para que la obra salvadora y libertadora de Dios siga adelante. En Efesios 6:18, Pablo nos enseña a orar, *"en todo tiempo con toda oración y súplica en el Espíritu, y velando en ello con toda perseverancia y súplica por todos los santos".*

Pídale al Espíritu Santo que le guíe en sus oraciones. Romanos 8:26–27 dice:

Y de igual manera el Espíritu nos ayuda en nuestra debilidad; pues qué hemos de pedir como conviene, no lo sabemos, pero el Espíritu mismo intercede por nosotros con gemidos indecibles. Mas el que escudriña los corazones sabe cuál es la intención del Espíritu, porque conforme a la voluntad de Dios intercede por los santos.

Busquemos hacer la voluntad de Dios y pidámosle que lleve salvación, sanidad y liberación mientras intercedemos por nuestras familias, comunidades y naciones.

El Dios de los ángeles y de la humanidad

Por medio de este estudio sobre los ángeles, hemos visto que el Señor de los ejércitos es un Dios poderoso que cumple Sus propósitos en el cielo como en la tierra. El versículo que fortalece mi corazón y puede fortalecer el corazón de todo creyente se encuentra en Daniel 4:35: "*Él hace según su voluntad en el ejército del cielo, y en los habitantes de la tierra, y no hay quien detenga su mano*". Él es el Dios tanto de los ángeles como de los humanos. ¡Él es nuestro Dios! ¡Que nuestra oración sea: "*Venga tu reino. Hágase tu voluntad, como en el cielo, así también en la tierra*" (Lucas 11:2)!

Referencias

Prefacio

Sir Francis Bacon, *Oxford History of Quotations*, 3ra ed. (Oxford: Oxford University Press, 1980), 27.

Capítulo uno: ¿Son reales los ángeles?

Nancy Gibbs, "Angels Among Us", *Time* (Diciembre 27, 1993): 56.

Capítulo dos: La verdad acerca de los ángeles

Billy Graham, *Angels: God's Secret Agents* (Nashville: W Publishing Group, 1995), 30.

Capítulo tres: ¿Cómo son los ángeles?

Dr. David Jeremiah, *What the Bible Says about Angels* (Sisters Ore.: Multnomah Books, 1996), 116.

Herbert Lockyer, *All the Angels in the Bible* (Peabody, Mass.: Hendrickson Publishers, Inc., 1995), 114.

Capítulo seis: Los ángeles y la protección

Billy Graham, *Angels: God's Secret Agents* (Nashville: W Publishing Group, 1995), 137–39.

"A Strange Place to Hope" por Corrie ten Boom, reimpreso bajo permiso de *Guideposts*. Copyright 1972 por *Guideposts*, Carmel, New Cork 10512. Reservados todos los derechos

Capítulo nueve: Los ángeles y la liberación

Corrie ten Boom, *Marching Orders for the End Battle* (Fort Washington, Pa.: Christian Literature Crusado, 1969), 112–13.

Parte IV

Preguntas para reflexión personal o grupos de discusiones

Preguntas para reflexión personal o grupos de discusiones

Capítulo uno: ¿Son reales los ángeles?

1. ¿Cuál es su concepto sobre los ángeles? ¿Dónde concibió esta idea (e.g., iglesia, la Biblia, pinturas y esculturas, televisión)?

2. ¿Son las demostraciones culturales sobre los ángeles realistas, ilusorias o ambas?

3. ¿Cree usted que los ángeles cumplen una función en su vida? Si es así, ¿cuál?

4. ¿Ha experimentado usted (o alguien que usted conoce) lo que se consideraría una visita angelical? ¿Cómo fue? ¿Qué ocurrió?

5. ¿Qué dice Mary Baxter acerca de la razón por la cual ella recibió de Dios las visiones y revelaciones de los ángeles? (Págs. 23–26).

Capítulo dos: La verdad acerca de los ángeles

1. a) ¿Por qué es peligroso estudiar acerca de los ángeles con aquéllos que no tienen un sólido entendimiento bíblico de su verdadera naturaleza y función? b) ¿Por qué la Biblia es nuestra mejor fuente para entender la verdad acerca de los ángeles? (Págs. 27–28).

2. ¿Por qué no debemos venerar a los ángeles, orar a ellos y buscar su guía? (Págs. 30–36).

3. Cuando los ángeles nos ayudan, ¿de dónde realmente proviene esa ayuda? (Págs. 32, 35).

4. ¿Cómo sabemos que Jesucristo es mayor que los ángeles? (Págs. 36–42).

5. ¿Cómo se diferencian los ángeles de los humanos? (Págs. 38–42).

6. ¿Cómo podemos ver la diferencia entre los verdaderos ángeles y los seres demoníacos que se disfrazan como ángeles? (Págs. 47–49).

7. ¿Cuál es su mejor protección contra el engaño demoníaco y perverso? (Págs. 49–53).

Capítulo tres: ¿Cómo son los ángeles?

1. Enumere cuatro facetas de la naturaleza de los ángeles (Págs. 57–66).

2. ¿Cuáles son las cualidades de los seres espirituales? (Págs. 58–64).

3. ¿Cómo aprenden y saben los ángeles de Dios, Sus caminos y Su plan para la humanidad? (Págs. 63–69).

4. ¿Cuántos ángeles hay? (Págs. 66–69).

5. ¿Cuáles fueron las tres formas en que se aparecieron los ángeles a los humanos durante el tiempo bíblico? (Págs. 70–77).

6. Enumere dos o tres ejemplos bíblicos para cada forma (Págs. 70–77).

7. ¿Por qué el escritor del libro de Hebreos nos dice que debemos hospedar a extraños? ¿Cómo debe cambiar este conocimiento nuestra actitud para con las otras personas, ya sea que sean conocidos nuestros o simple extraños? (Págs. 76–77).

Capítulo cuatro: Tipos y rangos de los ángeles

1. La Biblia indica que el reino angelical incluye por lo menos cuatro seres santos llamados "___ _____", "_____", "_____" y "_____" (Pág. 81).

2. Las Escrituras también implican que hay una organización jerárquica entre los ángeles. ¿Cuáles autores bíblicos presentan esta idea? (Págs. 81–83).

3. Aunque los creyentes han sostenido diferentes opiniones acerca de las categorías y rangos de los ángeles desde el período de los padres de la Iglesia Primitiva, parece clara que en la Biblia hay diferentes _____ de ángeles y que los ángeles tienen varias _____ en el Reino de Dios (Pág. 83).

4. ¿Cuál es el único arcángel mencionado por nombre en la Biblia? ¿Cuál es su función principal? ¿Qué nos debe inspirar el carácter de este arcángel? (Págs. 84–87).

5. ¿Quién es el otro ángel que juega una función predominante en las Escrituras y que también puede ser un arcángel? ¿Cuál es su función primordial? ¿Qué nos debe inspirar su carácter? (Págs. 87–92).

6. ¿Cuáles son los dos tipos prominentes de ángeles en la Biblia? (Pág. 92).

7. Describa la idea de la cultura contemporánea acerca de un querubín (Pág. 92).

8. ¿Cómo realmente son los querubines bíblicos? ¿Cuál es su función? (Págs. 92–97).

9. ¿Cuál querubín se rebeló contra Dios? ¿Qué nos puede enseñar su caída? (Pág. 97).

10. ¿Cómo son los serafines? ¿Cuál es su función? (Págs. 97–99).

11. ¿Qué podemos aprender de los serafines para aplicarlo a nuestra propia relación con Dios? (Pág. 99).

12. ¿A qué se refiere el término "ángel del Señor" y "Ángel del Señor"? (Pág. 100).

Capítulo cinco: Espíritus que ministran

1. ¿Cuál es la función principal de los ángeles? (Pág. 103).

2. ¿Cuál es la segunda función más importante de los ángeles? (Pág. 105).

3. Enumere el pasaje de las Escrituras que nos dice que los ángeles ministran a aquéllos que han recibido vida eterna en Cristo (Pág. 105).

4. Enumere ocho maneras en las que los ángeles de Dios ministran a Su pueblo (Págs. 106–123).

5. ¿Cómo define la autora a los ángeles "defensores" y "guerreros"? (Pág. 120).

6. ¿Cuál es la tercera función importante de los ángeles? (Pág. 124).

7. Describa una cuarta función importante de los ángeles (Pág. 127).

8. ¿Cuáles son los tres aspectos de esta cuarta función? (Págs. 127–128)

9. ¿Cómo, el énfasis de este capítulo sobre los ángeles de Dios que ministran, cambió su perspectiva con respecto a su relación con Dios y su ministerio o servicio para Él?

Capítulo seis: Los ángeles y la protección

1. Los ángeles son nuestros _____ espirituales (Pág. 137).

2. Salmos 91 anota varias razones por las cuales el pueblo de Dios es protegido ¿Cuáles son esas razones? (Págs. 137–138).

3. ¿Qué les insta Mary Baxter a los padres hacer a favor de sus hijos y por qué? (Pág. 139).

4. ¿Cuál fue la razón por la que la autora oró por su hijo en el momento específico que lo hizo? (Pág. 138).

5. ¿Por qué oró ella, incluso cuando en ese momento ella no sabía con certeza para qué eran sus oraciones? (Pág. 138).

6. ¿Alguna vez ha sido usted tocado por el Espíritu Santo para orar por alguna persona o situación sin que usted conozca plenamente las circunstancias? ¿Cómo respondió usted? ¿Se enteró usted de la razón por la que fue tocado para orar? Si es así, ¿cuáles fueron las circunstancias? ¿Qué aprendió usted de esta experiencia?

7. Mary Baxter relató cómo ella fue protegida por ángeles mientras ella ministraba (Pág. 142). ¿Cómo es que sabiendo de los ángeles

protectores de Dios le alienta a hablarle a otros acerca del Evangelio, aun en circunstancias difíciles?

8. ¿Cómo define la autora "Su sangre, cubierta protectora" o "pacto de sangre"? (Págs. 145–146).

9. ¿Qué significa para nosotros dedicar algo o alguien al Padre, el Hijo y el Espíritu Santo? (Pág. 146).

10. Basado en lo que leyó de este capítulo, ¿qué ha aprendido usted acerca de la protección de Dios sobre usted y los demás?

Capítulo siete: Los ángeles y la Palabra de Dios

1. En las visiones de Mary Baxter concernientes a los púlpitos en fuego, ¿qué significaba el fuego? ¿Qué le dijo Dios a la autora que evidentemente ocurre cuando Su Palabra es predicada? (Págs. 149–151).

2. ¿Qué significa "reedificar altares para Dios"? (Pág. 152).

3. ¿Cómo debemos limpiar los altares de nuestros corazones y convertirlos en altares para Dios? (Págs. 153–154).

4. ¿Qué debía significar la visión de gloria y poder entremezclado con fuego? (Pág. 158).

5. ¿Cuáles son las dos promesas bíblicas que podemos incluir en nuestras oraciones por la salvación de nuestros seres queridos? (Págs. 158–159).

6. ¿Qué efecto tiene la Palabra de Dios en Satanás? (Pág. 159).

7. ¿Cuáles son los dos versículos que nos aseguran la efectividad de la Palabra de Dios? (Pág. 162).

8. ¿Alguna vez ha leído, meditado, memorizado, creído, aplicado y obedecido la Palabra de Dios? ¿Cómo lo hizo?

9. ¿Qué pasos específicos puede usted tomar para comprometerse más con Dios y Su Palabra? ¿Qué diferencia hará esto en su vida?

10. ¿Cómo aplicará usted la Palabra de Dios y la fe en Él a una situación difícil o una lucha personal en su vida actual?

Capítulo ocho: Los ángeles y el fuego de Dios

1. ¿Cuáles son las dos cosas que logra el fuego de Dios? (Pág. 165).

2. ¿Qué significa *"limpiaos, pues, de la vieja levadura"* (1ra Corintios 5:7)? (Pág. 167).

3. ¿Por qué algunas veces las personas sienten calor cuando están siendo sanadas por el Señor? (Pág. 168).

4. De acuerdo a Amós 7:7–8, ¿cuál era el significado de la plomada de albañil en las manos del Señor? (Pág. 170).

5. De acuerdo a Isaías 28:17, ¿qué criterio usa Dios para medir nuestras vidas? (Pág. 170).

6. Mary Baxter dice que ella cree que el juicio de Dios está llevándose a cabo hoy en día y que Él está colocando la "plomada de albañil" entre nosotros. ¿Cómo debemos responder a este juicio? (Págs. 170–171).

7. ¿Qué puede ocurrir cuando nos resistimos a reconocer los pecados de nuestra vida? (Pág. 172).

8. ¿Cuáles son las dos consecuencias de caer en pecado y deshonestidad delante de Dios? (Pág. 172).

9. Jesús fue manifestado para _____ del pecado y _____ del castigo eterno. Servimos a un Dios poderoso que _____ y _____ por nosotros (Págs. 172–173).

10. ¿Cómo normalmente responde usted a la disciplina y corrección de Dios? ¿Los ignora o lucha contra ellos? O, ¿le permite a Dios renovar y limpiarle por medio de Su perdón, Su Espíritu y Su Palabra?

11. ¿Qué pasos específicos debe usted tomar para ceder en amor a la disciplina de Dios cuando Él le convence de su pecado o falta de devoción hacia Él? (Véase 1ra Juan 1:7–8; Salmos 119:9–11; Gálatas 5:16).

12. ¿Le está tocando el Espíritu Santo con respecto a algo en este momento? ¿Cómo usted responderá?

Capítulo nueve: Los ángeles y la liberación

1. Cuando andamos en una buena relación con Dios, ¿cuáles dos cosas ocurren cuando le invocamos *"en el día de la angustia"* (Salmos 50:15)? (Pág. 175).

2. En este capítulo, la autora menciona varias cosas que pueden ayudar para traer liberación. ¿Cuáles son esas cosas? (Págs. 178–185).

3. ¿Cómo el entendimiento de la autora acerca del sufrimiento y sacrificio de expiación de Jesús afecta la manera en que ella ve las circunstancias dolorosas? (Págs. 184–185).

4. Una persona ha sido libertada por el poder de Dios, ¿qué debe ocurrir para que esta persona *permanezca* libre? (Págs. 192–194).

5. En Isaías 10:27 observamos otro aspecto deliberación, el cual dice, *"el yugo se pudrirá a causa de la _____"* (Pág. 195).

6. ¿Qué dos cosas debe hacer una persona para ser libertado del yugo de la atadura? (Págs. 195–196).

7. ¿Qué es lo que dice Mary Baxter que debía ocurrir en el país que adoraba falsos dioses e ídolos antes de que su pueblo pudiera recibir el Evangelio? (Págs. 196–199).

8. El diablo debe retroceder y dejar libres a sus víctimas cuando él es reprendido y echado fuera en el _____ de Jesús (Pág. 199).

9. ¿Qué debemos tener antes de reprender a Satanás y sus demonios de esta manera? (Págs. 199–200).

10. ¿Por qué razón Dios *siempre* tiene la victoria sobre Satanás? (Págs. 200–201).

11. Basado en lo que usted ha aprendido en este capítulo, ¿qué áreas de su vida o la vida de sus amigos o seres queridos necesita ser tratada antes de que usted o ellos reciban liberación? (Por ejemplo, ¿necesita usted perdonar a alguien que le ha hecho daño? ¿Necesita pedirle a Cristo que le llene de Su compasión por los demás? ¿Está usted siendo abierto y honesto ante Dios, y, busca usted vivir de acuerdo a Su Palabra? ¿Intercede usted por los demás para que ellos sean libertados del control de Satanás y puedan escuchar el Evangelio?) ¿Qué hará usted para comenzar a tratar esa área de necesidad para que pueda haber liberación?

12. Edifique su fe en la liberación de Dios memorizando y meditando en pasajes como los siguientes:

*Y el Señor me librará de toda obra mala,
y me preservará para su reino celestial.*
                              (2da Timoteo 4:18)

*Sabe el Señor librar de tentación a los
piadosos.*   (2da Pedro 2:9)

*El ángel de Jehová acampa alrededor de
los que le temen, y los defiende.*   (34:7)

*Bienaventurado el que piensa en el
pobre; en el día malo lo librará Jehová.
Jehová lo guardará, y le dará vida;
será bienaventurado en la tierra, y no lo
entregarás a la voluntad de sus enemigos.
Jehová lo sustentará sobre el lecho del
dolor; mullirás toda su cama en su
enfermedad.*   (41:1–3)

Capítulo diez: Los ángeles y la oración

1. ¿En base a qué nos podemos unir con los ángeles para adorar a Dios? ¿Qué sacrificios debemos ofrecer a Dios en adoración? (Pág. 206).

2. De acuerdo a Apocalipsis 8:3–4, ¿qué ocurre con las oraciones de los santos? (Págs. 207–208).

3. ¿Cuáles son los cuatro tipos de oraciones que los ángeles ayudan a contestar? (Págs. 208–226).

4. ¿En qué formas dijo Mary Baxter que Dios le enseñó a orar por la liberación de las personas? (Pág. 225).

5. ¿Cuándo deben orar los creyentes? (Págs. 226–227).

6. ¿Cuán importantes son para Dios las oraciones de los creyentes? (Págs. 227–228).

7. ¿Qué ha aprendido usted, en este capítulo, acerca del efecto que pueden tener las oraciones de los creyentes en la salvación, sanidad, milagros y liberación?

8. ¿Qué tan seriamente ha usted tomado la función de sus oraciones en el cumplimiento de los propósitos de Dios en el mundo?

9. ¿Qué pasos específicos tomará usted para desarrollar su vida de oración e interceder a favor de aquéllos que necesitan el perdón, la llenura y la liberación de Dios?

Capítulo once: Significado de los ángeles

1. ¿Cómo nos ayuda espiritualmente el estudio sobre los ángeles? (Págs. 229–230).

2. ¿En qué debemos enfocarnos cuando aprendemos sobre los ángeles? (Pág. 229).

3. Dios tiene ángeles que _____ de toda _____ que usted tenga (Pág. 230).

4. La Palabra de Dios y los ángeles siempre están en _____ cumpliendo Sus _____ (Pág. 230).

5. Dios quiere que participemos con Él para cumplir Sus propósitos. Enumere seis verdades importantes de amar y servir a Dios, las cuales deben ser parte de nuestras vidas a medida que ayudamos a cumplir Su voluntad (Págs. 230–241).

6. Los ángeles son ejemplos para todos nosotros de cómo deben dar _____ a Dios y adorarle (Págs. 230–231).

7. ¿Qué hace nuestro aprendizaje acerca del ministerio de los ángeles por nuestra fe? (Págs. 231–232).

8. A medida que confiamos en Dios en todo, ¿en qué debemos concentrarnos? (Pág. 232).

9. ¿Qué dos cosas debemos hacer para discernir los falsos seres angelicales o espíritus perversos? (Pág. 233).

10. La pregunta número 4 del primer capítulo preguntó si usted (o alguien que usted conoce) ha experimentado lo que se consideraría una visita angelical (Véase Pág. 247). Después de haber leído este libro y contestado las preguntas de esta sección, ¿cómo definiría usted ahora este encuentro? ¿Cree usted que fue un ángel verdadero o un falso ser angelical? ¿Cuál razón tiene usted para pensar de esta manera?

11. Los rostros en los extremos de los cordeles en la visión de Mary Baxter significaban misericordia y verdad. Dios dice que debemos tener ambas cualidades en nuestras vidas para poder ser como Él. ¿Cómo pueden la misericordia y la verdad unirse en nuestros corazones? (Págs. 235–237).

12. Podemos ser obedientes a Dios sólo si nos mantenemos en Cristo y honramos Su Palabra en nuestras vidas [Véase Juan 15:5–8] (Págs. 237–238). ¿Vive usted en Cristo o se ha alejado de la Fuente de su vida espiritual? ¿Qué hará usted hoy para unirse y mantenerse conectado a la Vid, Jesucristo?

13. ¿Por medio de cuáles cosas nos dice Hebreos 6:12 que podemos heredar las promesas de Dios? (Págs. 239–240).

14. ¿Cómo nos ayuda el Espíritu Santo en nuestras oraciones? [Véase Romanos 8:26–27] (Pág. 241).

15. Él es el Dios tanto de los _____ como de los _____ (Pág. 241).

Clave para las respuestas

Capítulo uno: ¿Son reales los ángeles?

1. Las respuestas variarán.

2. Las respuestas variarán.

3. Las respuestas variarán.

4. Las respuestas variarán.

5. Mary Baxter dice que a ella le fueron dadas visiones y revelaciones para que las entregue al cuerpo de Cristo y a aquéllos que todavía no son creyentes. Estas son señales de que Dios está obrando en medio nuestro. También son para darle honra y gloria a Él. Dios quiere darles esperanza, para animarles y mostrarles que Él les ama y está con ellos, y, para darles salvación, sanidad y liberación.

Capítulo dos: La verdad acerca de los ángeles

1. a) Muchas de las supuestas enseñanzas sobre los ángeles que nos llegan hoy en día, incluso en los círculos religiosos, son falsas y causan que las personas sean engañadas. No todos los

ángeles son buenos y santos. Los ángeles malos buscan engañarnos con respecto a sus verdaderas intenciones para con nosotros. Hay demonios que quieren hacernos daño en vez de ayudarnos. Debemos entender la verdad acerca de los ángeles de Dios si queremos discernir lo que es falso. b) La Biblia es la misma Palabra de Dios y es completamente confiable.

2. Los ángeles no son divinos; ellos fueron creados por Dios para servirle a Él. Los verdaderos ángeles no aceptarán la adoración de un ser humano; ellos son consiervos y co-adoradores de Dios con los seres humanos. Los ángeles cumplen la voluntad de Dios, no las suyas propias ni las nuestras. El orar a un ángel puede llevarle a una decepción espiritual porque que ese "ángel" sea un espíritu engañador disfrazado como un ángel de luz (Véase 2da Corintios 11:14).

3. De Dios, Él es quien envía y capacita a los ángeles que nos ayudan.

4. Jesucristo es Dios y Él creó a los ángeles. Él vino a la tierra como hombre, Él temporalmente hizo a un lado el esplendor, pero no la realidad, de Su deidad. De esta manera, Él se hizo *poco menor que los ángeles* (Salmos 8:5) por un tiempo para poder asegurar nuestra salvación al morir por nuestros pecados en la cruz y resucitando en victoria. Cuando Él subió a los cielos, Dios puso todas las cosas en el cielo y en la tierra bajo Su autoridad, incluyendo a los ángeles, la humanidad, Satanás y sus demonios.

5. Los ángeles fueron creados antes que la humanidad, a lo largo de la Palabra de Dios, a ellos se les describe como que existen en un nivel entre Dios y el hombre. Los ángeles y los humanos desde siempre han sido creaciones diferentes. Los ángeles son una forma de creación mayor que los humanos, en el sentido de que, ahora mismo, ellos tienen mayor conocimiento, poder y movilidad espirituales que nosotros. Además, los santos ángeles de Dios nunca pecan contra Él. Mientras estemos en esta tierra y no completamente libres de nuestra tendencia a pecar; entonces, nosotros no somos tan moralmente buenos como los santos ángeles de Dios. Con todo, al final la humanidad será ensalzada más alto que los ángeles. Dios envió a Su Hijo a la tierra a morir por nosotros cuando la humanidad pecó (Él no lo hizo por los ángeles que cayeron y se rebelaron con Él). Somos redimidos por la sangre de Cristo y tenemos la justicia misma de Jesucristo Esto nos otorga una posición alta y exaltada para con Dios. Pablo escribió sobre el momento cuando Jesús haya venido y los cristianos existiremos en un estado glorioso (Véase Romanos 8:18, 30). Entonces seremos superiores a los ángeles e incluso los juzgaremos (1ra Corintios 6:3).

6. La Biblia nos dice que pongamos a prueba los espíritus para saber si son auténticos: *Todo espíritu que confiesa [“reconoce”, NVI] que Jesucristo ha venido en carne, es de Dios; y todo espíritu que no confiesa [“reconoce”, NVI] que Jesucristo ha venido en carne, no es de Dios* (1ra Juan 4:2–3).

Si un ser espiritual comunica un mensaje que niega la deidad, humanidad y salvación del Señor Jesús, ese no es de Dios. Si su mensaje promueve un mensaje o práctica antibíblicas, si dirige la atención para sí mismo y no para Jesús, entonces ese ser espiritual es un demonio que intenta engañar a las personas. Debemos continuamente leer y meditar en la Palabra de Dios para poder discernir los espíritus.

7. Su máxima protección contra el engaño y la maldad del enemigo está en el Señor Jesucristo mismo y en aceptarlo como su Salvador. Él le dará el don del Espíritu Santo, quien vivirán en usted y le ayudará a obedecer y servir a Dios. Usted será parte de la misma familia de Dios y Sus ángeles cuidarán de usted. Además, a medida que usted estudie acerca de los ángeles, ore a Dios el Padre, en el nombre de Jesús, y pida Su dirección y protección para que usted no sea engañado por el enemigo.

Capítulo tres: ¿Cómo son los ángeles?

1. Los ángeles son (1) seres espirituales, (2) santos, (3) escogidos, (4) inteligentes, (5) poderosos, pero no omnipotentes.

2. Los espíritus son inmortales, no están sujetos a las limitaciones físicas de tiempo y espacio y son asexuales (no se casan ni tienen hijos).

3. Los ángeles saben sólo lo que Dios escoge revelarles, o les permite saber. La Biblia enseña que los ángeles aprenden cosas al observar cómo

Dios obra y por medio de Su pueblo. Pablo escribió acerca de cómo Dios usa la iglesia para revelar ciertas cosas a Sus santos ángeles (Véase 1ra Corintios 4:9; Efesios 3:8–10).

4. (Por lo menos) más de cien millones, y con seguridad hay más de los que podemos contar (Véase Apocalipsis 5:11; Hebreos 12:22).

5. En la Biblia, los ángeles se le aparecieron a los humanos con (1) apariencia resplandeciente y deslumbrante, (2) formas o facciones extrañas y (3) apariencia humana

6. Las respuestas pueden variar de los ejemplos dados en las páginas 70–77.

7. Hebreos 13:2 dice: *"No se olviden de practicar la hospitalidad, pues gracias a ella algunos, sin saberlo, hospedaron ángeles"* (NVI). Se nos enseña ser hospitalarios con los extraños porque esos pueden ser ángeles disfrazados como humanos. Dios quiere que le amemos y le sirvamos a Él no sólo en la presencia tangible de Sus santos ángeles, sino también en la presencia de los seres humanos, los cuales son preciados a Su vista. La Biblia nos exhorta, en 1ra Juan 4:20, *"Si alguno dice: Yo amo a Dios, y aborrece a su hermano, es mentiroso. Pues el que no ama a su hermano a quien ha visto, ¿cómo puede amar a Dios a quien no ha visto?"*

Capítulo cuatro: Tipos y rangos de los ángeles

1. Ángeles, arcángeles, querubines y serafines.

2. Mateo citó la referencia de Jesús acerca de *"legiones de ángeles"* (26:53). Judas mencionó al arcángel Miguel (v. 9). Pablo habló de *"voz de arcángel"* (1ra Tesalonicenses 4:16), aludiendo a la organización de los ángeles en otros pasajes de sus cartas (Véase Romanos 8:38–39; Efesios 1:20–22; 3:9–10; Colosenses 1:16).

3. Tipos; posiciones.

4. Miguel es el único arcángel que las Escrituras nombran específicamente por nombre. También se le muestra en la Biblia en conflicto espiritual con el diablo y las potestades de las tinieblas, y al parecer es el comandante supremo de los ángeles, las "huestes" celestiales, que combaten en el nombre de Dios. El debe servirnos de inspiración para que seamos fieles y obedientes a Dios a medida que servimos en Su propósito para Su reino.

5. Gabriel es otro ángel que juega una función prominente en las Escrituras, puede que también sea un arcángel. En la Biblia, cada vez que él aparece va relacionada a anunciar al pueblo de Dios Su propósito y el programa concerniente a Jesús el Mesías y *"el tiempo del fin"*. La reverencia que este ángel tiene hacia Dios, Su Palabra y Su obra debe inspirarnos a amar y servir a Dios a medida que Él lleva a cabo Su propósito para nuestras vidas y en la vida de la humanidad entera.

6. Querubines y serafines.

7. La idea contemporánea de la sociedad es que los querubines, son bebés rollicitos y con alas.

8. Estos son seres poderosos y santos que mantienen una relación cercana con Dios, Su pureza y Su gloria. Ezequiel 10:1–21 describe sus aspectos en detalle incluyendo sus espaldas, alas, manos de hombre y ruedas, todos llenos de ojos. Cada uno de ellos también tenía cuatro rostros: rostro de querubín, rostro de hombre, cara de león y cara de águila.

9. Lucifer, o el diablo fue el querubín que se rebeló contra Dios. Si incluso un querubín pudo tener semejante final, la caída de Lucifer es un grave recordatorio de las consecuencias del pecado. Con todo, también es un recordatorio del gran sacrificio que Cristo hizo por nosotros para restaurarnos ante la presencia de Dios como si nunca hubiéramos pecado. Como dice Hebreos 2:16, *"porque ciertamente no socorrió a los ángeles, sino que socorrió a la descendencia de Abraham"*.

10. Los serafines están más cerca del Creador y Hacedor que todos los otros ángeles, volando sobre el trono de Dios. En Isaías 6:1–4, los serafines son descritos como seres poderosos que tienen seis alas y que otorgan adoración reverente a dios por Su santidad y gloria; parecen habitar en medio de la santidad de Dios. De las seis alas de los serafines, dos pares cubren su rostro y pies en la presencia de la resplandeciente gloria de Dios, mientras un par es usado para volar.

11. Los serafines son seres inteligentes que ensalzan al Santo de Israel. Ellos arden en amor

por Dios. Su devoción debe también inspirarnos a un amor más profundo por Dios.

12. En varias ocasiones, este término puede referirse a alguno de los ángeles de Dios, a Dios mismo, o al Señor Jesucristo, del cual también se dice que es una aparición pre-encarnada.

Capítulo cinco: Espíritus que ministran

1. La función principal de los ángeles es adorar y exaltar a Dios y Su Hijo, Jesucristo.

2. Los ángeles no sólo adoran a Dios, sino que son siervos dispuestos. Ellos son los agentes activos de Dios quienes cumplen con Su voluntad de día y de noche al ministrarle a Él y a Su pueblo.

3. Hebreos 1:14 dice: *"¿No son todos los ángeles espíritus dedicados al servicio divino, enviados para ayudar a los que han de heredar la salvación?"* (NVI).

4. Los ángeles (1) llevan mensajes especiales de Dios, (2) llevan la Palabra de Dios a las personas y también les ayudan a entenderla, (3) llevan la dirección de Dios y dirigen los pasos del pueblo de Dios y libran el paso delante de ellos a medida que ellos cumplen la voluntad de Dios, (4) consuelan y alientan a las personas durante los momentos difíciles de sus vidas, (5) fortalecen y sostienen a Su pueblo, (6) protegen y libertan a los creyentes, (7) promueven el Evangelio, (8) llevan las almas del pueblo de Dios al cielo.

5. Los ángeles defensores nos protegen de cualquier daño, peligro y todo tipo de artimaña

de Satanás. Ellos sirven como ángeles de la guarda. Ellos nos protegen aun cuando nosotros no sabemos que ellos están ahí. Los ángeles batalladores emprenden batallas contra fortalezas, principados, demonios, fuerzas de las tinieblas y cualquier cosa que se oponga a la obra de Dios.

6. Los ángeles defienden el honor y la gloria de Dios; ellos pelean Sus batallas y ayudan a ejecutar Sus juicios en el mundo.

7. Los ángeles participarán en los eventos del final de los tiempos. Ellos ayudarán a llevar el mundo a la culminación cuando la vieja tierra y el viejo cielo no existan más y el nuevo cielo y la nueva tierra vengan a existir.

8. Los ángeles, primero que todo, acompañarán a Jesús en Su retorno a la tierra. Segundo, los ángeles llevarán a los desobedientes ante el Día del Juicio. Tercero, los ángeles reunirán a todos los rectos para vida eterna.

9. Las respuestas variarán.

Capítulo seis: Los ángeles y la protección

1. Guardas.

2. Salmos 91 dice: "**Porque has puesto a Jehová, que es mi esperanza, al Altísimo por tu habitación**, *no te sobrevendrá mal, ni plaga tocará tu morada...*[El Señor dice,] **por cuanto en mí ha puesto su amor**, *yo también lo libraré le pondré en alto*, **por cuanto ha conocido mi nombre**. *Me invocará, y yo le responderé; con él*

estaré yo en la angustia; lo libraré y le glorificaré. Lo saciaré de larga vida, le mostraré mi salvación" (vv. 9–10, 14–16, énfasis adherido).

3. Mary Baxter dice que los padres deben orar "a Dios fervientemente" por sus hijos; muchas veces, la seguridad de los hijos puede depender de la oración de los padres pidiendo protección.

4. El Espíritu tocó a la autora para que intercediera de una manera especial mientras oraba, y, ella comenzó a orar fervientemente en el Espíritu.

5. Las respuestas variarán, pero deben ser similares a la siguiente: Aunque Mary Baxter no comprendía todo por lo que ella oraba, solamente una parte, ella confió en la guía del Espíritu Santo y respondió inmediatamente que Él le tocó.

6. Las respuestas variarán.

7. Las respuestas variarán, pero deben ser similares a la siguiente: Sabiendo que Dios cuida de nosotros, que Sus ángeles protectores están cerca y que nada nos puede ocurrir si él no lo permite, debe alentarnos a hablar de la verdad del Evangelio, aunque enfrentemos oposición, rechazo al mensaje e incluso persecución.

8. Nuestra salvación en Cristo incluye una cubierta protectora de la preciosa Sangre que Él vertió en la cruz cuando se convirtió en nuestro Sustituto. Cuando oramos por las personas y Dios nos toca para cubrirles con Su sangre, debemos decir, "¡te cubro con la sangre de Jesús, el pacto

de Dios!" Esto significa que Jesucristo es el Hijo de Dios enviado desde el cielo. Él conocía Su propósito y Su destino. Él fue enviado para dar Su vida en una cruel cruz, para que pudiéramos tener vida eterna. Él murió para que nuestros pecados fueran lavados. Cuando oramos o pedimos cobertura con Su sangre, estamos afirmando que creemos que Jesús proveyó una cubierta para nosotros y nuestras familias por medio de la Expiación. Los ángeles vienen inmediatamente, nos sellan y nos protegen. Por medio de la sangre del pacto edificamos un muro de protección alrededor nuestro y de nuestras familias ¿Cómo define la autora "Su sangre, cubierta protectora" o "pacto de sangre"?

9. Cuando dedicamos a alguien o algo al Padre, Hijo y Espíritu Santo, cuando realmente lo creemos y ungimos a esa persona o ese algo con aceite, realmente decimos, "este es territorio de Dios". Cuando los enemigos espirituales tratan de herirnos, tienen que retroceder porque ese "territorio" ha sido dedicado a Dios.

10. Las respuestas variarán.

Capítulo siete: Los ángeles y la Palabra de Dios

1. El fuego representaba púlpitos donde la verdadera Palabra de Dios era predicada, donde aquéllos que predicaban daban reverencia y honra a Dios, querían hacer *"todo decentemente y con orden"* (1ra Corintios 14:40) y mostraban el amor de Cristo. Cuando la Palabra es predicada,

Su pueblo es purificado y Su Espíritu está en los ministros para llevar libertad y hacer que Su Palabra sea cumplida en la vida de las personas.

2. "Reedificar altares para Dios" significa predicar la verdad y andar en los caminos de Dios.

3. Debemos reconocer que Dios es santo y justo; decirle la verdad acerca de nuestras vidas, confesar nuestros pecados para que Él nos liberta por medio de Cristo; arrepentirnos de nuestros caminos perversos; y, establecer un nuevo compromiso con Él. Cuando hagamos esto, Él nos purificará y libertará.

4. El propósito de esta revelación era plasmar que lo que ya Dios ha dicho en Su Palabra, Él lo cumplirá.

5. *"Se multiplicará la paz de tus hijos"* (Isaías 54:13). "[Dios] *te amará, te bendecirá y te multiplicará, y bendecirá el fruto de tu vientre"* (Deuteronomio 7:13).

6. La Palabra es *"la espada del espíritu"* (Efesios 6:17) y derrota al enemigo.

7. Ezequiel 12:25 dice: *"Porque yo Jehová hablaré, y se cumplirá la palabra que yo hable; no se tardará más, sino que en vuestros días, oh casa rebelde, hablaré palabra y la cumpliré"*. Hebreos 4:12 dice: *"Porque la palabra de Dios es viva y eficaz, y más cortante que toda espada de dos filos; y penetra hasta partir el alma y el espíritu, las coyunturas y los tuétanos, y discierne los pensamientos y las intenciones del corazón"*.

8. Las respuestas variarán.

9. Las respuestas variarán.

10. Las respuestas variarán.

Capítulo ocho: Los ángeles y el fuego de Dios

1. El fuego de Dios es 1) fuego de avivamiento, purificación y sanidad para Su pueblo, y 2) fuego de juicio para los que le rechazan.

2. Significa que debemos remover el pecado y la desobediencia de nuestras vidas y permitir que el carácter y el Espíritu de Cristo gobierne en nuestros corazones.

3. Sienten calor porque el fuego de Dios está "quemando" sus enfermedades y padecimientos.

4. La plomada de albañil era una forma simbólica de demostrar que Dios medía las vidas de los israelitas para ver si eran espiritualmente rectos.

5. Juicio y justicia: *"Ajustaré el juicio a cordel, y a* [plomada de albañil] *la justicia"* (Isaías 28:17).

6. Necesitamos entregarnos a Dios con todo nuestro corazón. Dios quiere que nos volvamos a Él antes de que sea demasiado tarde. No podemos permitir que el diablo nos distraiga de escuchar y obedecer la verdad. Nuestras vidas pueden ser medidas como rectas sólo cuando recibimos al Señor Jesucristo y Su justicia por medio de la expiación que Él proveyó para nosotros al morir en la cruz, y a medida que nos mantenemos en Su justicia por medio de la fe y la obediencia en

Él. No debemos tomar esto ligeramente. Debemos permitirle que nos purifique con ese fuego, que nos limpie con Su santa Palabra para de esa manera prepararnos para la venida del Señor.

7. Nuestros corazones se pueden endurecer.

8. Primero, el alejarnos de la justicia y santidad de Cristo creará orificios en nuestro escudo de protección. Segundo, esos orificios también serán creados en nuestra unción de Dios, y, muy pronto, nos corromperemos, y el enemigo nos atacarán como pueda. Entonces nos llenaremos de mentiras y pecado.

9. Libertarnos, salvarnos, nos ama y se preocupa por nosotros.

10. Las respuestas variarán.

11. Las respuestas variarán, pero deben incluir lo siguiente: Admitir mi pecado, confesar y arrepentirse de mis pecados y recibir el perdón y la purificación de Dios por medio de Cristo. Comprometerme a vivir una vida que vaya de acuerdo a la Palabra de Dios, buscar a Dios con todo mi corazón y atesorar la Palabra de Dios en mi corazón (memorizarla, meditar en ella, eso es atesorar Su Palabra). Finalmente, andar de acuerdo al Espíritu de Dios y Sus caminos.

12. Las respuestas variarán.

Capítulo nueve: Los ángeles y la liberación

1. Dios nos libertará y nosotros le glorificaremos a Él (Salmos 50:15).

2. La presencia de Dios, el poder de la Cruz (lo que Jesús proveyó para nosotros en la Expiación), y, la compasión de Dios.

3. La autora adquirió mayor respeto por lo que Jesús pasó y por el amor que Dios nos mostró al enviar a Su Hijo Jesús para darnos vida eterna. Ella entendió que, mientras estamos en esta tierra debemos continuar derrotando el reino de Satanás con la Palabra de Dios. Debemos continuar haciendo las cosas que Dios nos ha mandado. La visión también le dio un gozo increíble. Por medio de ella, Dios la alentó y le recordó que, *"ciertamente llevó él nuestras enfermedades, y sufrió nuestros dolores"* (Isaías 53:4). Él le aseguró que sus familiares serían libertados, como también pueden ser los suyos. *"Cree en el Señor Jesucristo, y serás salvo, tú y tu casa"* (Hechos 16:31).

4. Primero, los que ministran a esa persona deben continuar orando por ella. También deben aconsejarle, enseñarle que después que una persona ha sido libertada, ésta no debe involucrarse más en las cosas que antes le ataban. Segundo si la persona busca liberación, no debe tener doble pensamiento. Esta persona debe decidir si realmente quiere adorar a Jesús y servirle o si quiere seguir las cosas del mundo y al diablo. Si esa persona quiere saborear la bondad de Dios y el mundo a la misma vez, en su corazón hay un conflicto fatal el cual debe ser resuelto. Debe buscare una buena iglesia que crea en Jesucristo y en Su liberación. Luego, esta persona

debe obedecer la Palabra de Dios. También debe alejarse de las cosas pecaminosas que antes le arrastraban. Además, debe mantenerse cerca del corazón de Dios. Debe también adorar, servir, alabar a Dios, y en medio de cualquier situación creer que Dios le dará victoria.

5. Unción.

6. Primero, la persona debe presentarle a Dios un alma honesta, arrepentirse de sus pecados y pedirle a Dios que le perdone y ayude. Segundo, debe asegurarse de perdonar a las personas que le hayan hecho daño para que el Padre celestial le perdone a usted. En Mateo 6:14–5, Jesús dijo: *"Porque si perdonáis a los hombres sus ofensas, os perdonará también a vosotros vuestro Padre celestial; mas si no perdonáis a los hombres sus ofensas, tampoco vuestro Padre os perdonará vuestras ofensas"*.

7. Debido a las fervientes oraciones de Su pueblo, Dios envió primero a Sus ángeles para libertar a ese país del demonio de la idolatría y de la adoración de ídolos. Esto permitió que los ojos y los oídos de los ciudadanos de esa nación fueran abiertos al Evangelio para que pudieran recibir salvación.

8. Nombre.

9. Debemos tener una relación genuina con el Señor para que así podamos usar Su nombre con verdadera reverencia y fe.

10. Primero, Satanás es sólo un ser creado, mientras que Dios es divino y eterno. El diablo

no es omnipotente, omnisciente ni omnipresente como Dios es. Segundo, el Señor Jesucristo siempre es y será más fuerte que el diablo y sus demonios. La Biblia dice que Él ha "*subido al cielo está a la diestra de Dios; y a él están sujetos ángeles, autoridades y potestades*" (1ra Pedro 3:21–22). Asimismo, Dios tiene multitudes de ángeles que llevan a cabo Sus obra y planes. Sin importar cuántos demonios tenga el diablo, los santos ángeles de Dios son más.

11. Las respuestas variarán.

Capítulo diez: Los ángeles y la oración

1. Podemos alabar a Dios por el sacrificio de Jesús en la cruz, por el cual Él nos ha reconciliado para con Dios y a restaurado nuestra relación con Él. Además, la alabanza se logra solamente cuando ofrecemos al Señor nuestros propios sacrificios, sacrificios de alabanza.

2. Las oraciones de los santos son ofrecidas por un ángel junto al incienso en el altar del cielo que está delante del trono de Dios. Esta mezcla de oraciones e incienso asciende ante Él.

3. Los ángeles ayudan a contestar oraciones que piden por (1) salvación, (2) sanidad, (3) milagros y (4) liberación.

4. A Mary Baxter se le enseñó a orar (1) por medio de las Escrituras, (2) para atar y desatar (Véase Mateo 18:18), (3) para clamar Su preciosa sangre y (4) para confiar en la Palabra de Dios.

5. No deberíamos orar sólo una vez al día y luego olvidarnos de orar. Cuando el Espíritu Santo nos mueve a orar, debemos hacerlo inmediatamente, no importando dónde estemos. Además, Pablo enseñó que debemos orar *"sin cesar"* (1ra Tesalonicenses 5:17).

6. Las oraciones de los creyentes son muy importantes para Dios. Por medio de las oraciones de los que creemos en Su Palabra, Dios comisiona a Sus ángeles para venir y trabajar con nosotros, así Él trae salvación, sanidad y liberación a las personas.

7. Las respuestas variarán.

8. Las respuestas variarán.

9. Las respuestas variarán.

Capítulo once: Significado de los ángeles

1. El estudio de los ángeles nos provee con una tremenda oportunidad para conocer mejor a Dios y Sus caminos. Asimismo, nuestro conocimiento sobre los mensajeros especiales de Dios y de cómo Él obra por medio de ellos para aclarar nuestras dudas, solidificar nuestras creencias, consolar nuestras penas y darnos paz. El ministerio de los ángeles a favor nuestro revela que Dios nos ama y obra continuamente para ayudarnos. Este conocimiento nos puede traer consuelo y gozo.

2. Mientras aprendemos acerca de los ángeles, no debemos poner nuestro enfoque en esos seres celestiales sino en el Dios Todopoderoso y en el

poder y la gracia que Él manifiesta por medio de Sus siervos, los ángeles.

3. Cuidan; necesidad.

4. Acción; propósitos.

5. Las seis verdades de amar y servir a Dios son la importancia de (1) alabar, (2) creer, (3) discernir, (4) obedecer, (5) perseverar y (6) orar.

6. Reverencia.

7. El aprender sobre el ministro de los ángeles a favor nuestro debe darnos confianza en el amor y el poder de Dios y alentar nuestros corazones de que Dios está con nosotros, no importa por lo que estemos pasando.

8. Debemos concentrarnos en amar y servir a Dios.

9. Debemos llenar nuestros corazones y mentes con la Palabra de Dios cuando probamos los espíritus (Véase 1ra Juan 4:1–3).

10. Las respuestas variarán.

11. La misericordia y la verdad se unirán en nuestros corazones cuando adoremos a Dios en *"espíritu y en verdad"* (Juan 4:23–24), cuando amemos a Dios con todo nuestro corazón, alma, fuerza y mente (Lucas 10:27), y cuando nos entreguemos a Dios y vivamos una vida santa, en cuerpo, mente y espíritu (Véase 1ra Tesalonicenses 5:23).

12. Las respuestas variarán.

13. Fe y paciencia.

14. Romanos 8:26–27 dice que cuando no sabemos cómo orar por alguien o algo, el Espíritu Santo intercede por nosotros con gemidos indecibles que no pueden ser expresados en términos humanos, pero que Dios entiende. El Espíritu ora por los santos de acuerdo con la voluntad de Dios.

15. Ángeles; humanos.

Sobre la autora

ary Kathryn Baxter nació en Chattanooga, Tennessee. Aún siendo joven, su madre le enseñó sobre Jesucristo y Su salvación.

Mary fue nacida de nuevo a los diecinueve años. Después de haber servido al Señor por varios años, ella reincidió por algún tiempo. Sin embargo, el Espíritu del Señor no la dejó y ella entregó nuevamente su vida a Cristo. Ella todavía sirve al Señor fielmente.

A mediados de los 1960s, Mary se trasladó junto con su familia a Detroit, Michigan, donde vivieron por un tiempo. Más tarde, ella se trasladó a Belleville, Michigan donde ella comenzó a recibir visiones de Dios.

En 1976, estando aún en Belleville, Jesús se le apareció en forma humana, en sueños, en visiones y en revelaciones. Desde entonces, ella ha recibido muchas visitas del Señor. Durante estas visitas, Él le ha mostrado las profundidades, grados, niveles y tormentos de las almas perdidas en el infierno. Ella también recibió muchas visiones acerca del cielo, los ángeles y los últimos tiempos.

Durante un período de su vida, Jesús se le apareció cada noche por cuarenta noches. Él le reveló los horrores del infierno y las glorias del cielo, instruyéndole que ese mensaje era para todo el mundo.

Ministros, líderes y santos del Señor hablan en gran estima de Mary y su ministerio. El mover del Espíritu Santo es enfatizado en todos sus servicios, y, ocurren muchos milagros en dichos servicios. Los dones del Espíritu Santo con demostraciones de poder se hacen manifiestos en sus reuniones a medida que el Espíritu de Dios le guía y le unge. Ella ama al Señor con todo su corazón, mente, alma y fuerzas, desea por sobre todas las cosas ser una ganadora de almas para Cristo Jesús.

Ella es una dedicada sierva del Señor. Su llamado es específicamente en el área de los sueños, visiones y revelaciones. Ella fue ordenada como ministro en 1983 en la *Full Gospel Church of God* en Taylor, Michigan. En la actualidad, ella ministra con la *National Church of God* en Washington, D.C.

El poder de la Sangre

Mary K. Baxter
con el Dr. T. L. Lowery

Por medio de su propia experiencia y las experiencias
personales de otros, Mary K. Baxter la autora de
libros de mayor venta muestra cuantas vidas han sido
transformadas para siempre por el poder de la sangre
de Jesús. Cualquiera que sea su situación, usted
puede tener nueva intimidad con su Padre celestial y
recibir milagrosas respuestas a sus oraciones—por
medio del poder de la Sangre.

ISBN: 0-88368-987-1 • Rústica • 288 páginas

www.whitakerhouse.com

Durante trienta días Dios le dio a Mary Kathryn Baxter visiones del infierno y la comisionó para que se las contase a todos a fin de que escojan la vida. He aquí un recuento de ese lugar y de los seres que lo poblan vistos en contraste con las glorias del cielo. Se trata de algo que nos recuerda la necesidad que todos tenemos del milagro de la salvación.

Una revelación divina del infierno
Mary K. Baxter
ISBN: 0-88368-288-5 • Rústica • 144 páginas

Después de treinta noches de experimentar las profundidades del infierno, le fueron mostradas a Mary Baxter algunas regiones del cielo. He aquí fascinadores vislumbres de la belleza y del gozo que aguardan a cada creyente en Jesucristo.

Una revelación divina del cielo
Mary K. Baxter con el Dr. T. L. Lowery
ISBN: 0-88368-572-8 • Rústica • 208 páginas

WHITAKER
HOUSE

www.whitakerhouse.com